# The
# Practice
더 프랙티스

# THE PRACTICE

by Seth Godin

Copyright ⓒ 2020 by Seth Godin

# The Practice

세스 고딘 지음
도지영 옮김

더 프랙티스

# SETH GODIN

쌤앤파커스

**일러두기**

• 책에 등장하는 주요 인명, 지명, 기업명 등은 국립국어원 외래어 표기법을 따랐지만, 일부 단어에
  대해서는 소리 나는 대로 표기하였습니다.
• 책은 《 》, 일간지는 〈 〉, 노래나 TV 프로그램 등 작품 제목은 ' '로 표기하였습니다.
• 이 책의 하단 각주는 옮긴이의 주입니다.
• 원서에서 일부 글은 생략되었습니다.

크리에이티브의 마법은
마법이 없다는 것이다.

# 의욕을 잃었을 때
# 우리를 구해주는 건 과정이다

창의적인 아이디어가 마법처럼 떠올랐다는 이야기를 접하기도 한다. 도대체 창의성은 언제, 어떻게 발현되는 것인가?

## 프랙티스(Practice)

우리가 창의적인 작품을 만들고, 그것을 세상에 보여주기까지, 그 과정의 시행착오를 견딜 수 있는 유일한 방법은 꾸준한 실행뿐이다. 우리는 이것을 프랙티스라고 부른다.

## 당신의 작품을 세상으로 실어 나르다(Shipping Creative Work)

우리는 고유한 꿈을 향해 나아가는 창의적 인간으로, 각자 완성한 작품을 세상에 선보여 사람들과 공유해야 한다. 물론 그 과정에서 의욕을 잃을 때도 있을 테지만, 그럴 때마다 프랙티스가 우리를 구해줄 것이다.

창의성을 얻기 위해 우리는 주위를 서성이고 있다. 창의성이란 무언가 이뤄지기를 간절히 바라는 마음(desire)의 결과이다. 새로운 사실을 찾고 싶다는 바람, 오래된 문제를 해결하고 싶다는 바람, 아니면 다른 사람에게 도움이 되고 싶다는 바람 등. 창의성은 선택의 문제일 뿐, 갑자기 어딘가에서 내리치는 벼락같은 게 아니다.

우리에게는 각자 꾸준히 실천할 수 있는 프랙티스가 있다. 더 나은 성과를 위해 받아들이는 창작의 과정이다. 프랙티스는 결과물을 위한 수단이 아닌 결과물 그 자체이다. 프랙티스야말로 우리가 통제할 수 있는 모든 것이기 때문이다.

프랙티스를 계속하려면 과정(process)에 헌신해야 한다. 그건 한 번에 얻을 수 있는 게 아니다. 하고 싶은 일인지와는 관계없이 그저 묵묵히 해야 얻을 수 있다는 것을 인정하는 일이다.

이번 시도가 효과적일지는 괘념치 말아라. 프랙티스를 쌓는다면 그 어떤 방법을 선택했을 때보다 원하는 일을 더욱 잘하게 될 것이다. 나아가 그 과정에서 나 자신의 가능성

을 존중하게 되고, 우리보다 먼저 창의성을 경험한 모든 이
들의 지원과 배려에 감사함을 느끼게 될 것이다.

# 목차

# Chapter 1

## 너 자신을 믿어라
### Trust yourself

## 가능하다

이 책은 조직을 이끌려는 사람, 글을 쓰고 싶은 사람, 노래를 부르고 싶은 사람들을 위한 것이다.

무언가 가르치고자 하는 사람, 혁신을 일으키고자 하는 사람, 중요한 문제를 해결하고자 하는 사람들을 위한 책이기도 하다. 더불어 테라피스트, 예술가, 리더가 되기 위한 여정을 떠나는 사람들을 위한 책이다.

**이 책은 우리와 같은 사람들을 위한 것이다.**

우리는 할 수 있다. 인류 역사에는 목소리를 높여, 변화를 일으킨 인물들이 존재했다. 그들의 여정은 모두 달랐지만, 하나의 패턴(pattern)을 따랐다. 그 내용을 이해한다면, 그것은 우리에게 흡수될 것이다.

우리가 할 일은 그저 좀 더 창의적인 사람이 되겠다고 용기를 내는 것이다. 오랫동안 우리의 발목을 잡고 있던 힘을 알게 된다면, 비로소 우리가 해야 할 일을 시작할 수 있다.

이를 위해 우리가 실천할 수 있는 프랙티스가 있다. 우리는 그 프랙티스를 통해 그동안 바랬던 변화로 향하는 문을 열 수 있을 것이다.

# 마법을 부리는 삶

우리는 이미 오래전에 자리 잡은 삶의 패턴을 따르고 있다. 사람들은 결핍으로 제한된 세상에서 지위를 얻기 위해, 패턴에 따라 편리하게 사는 것을 받아들이기로 했다. 이것은 자본주의 경제의 요구에 따른 선택이었다. 이 체제는 우리에게 소비와 복종을 촉구했다. 사람들은 각자 속한 시스템과 위에서 정해준 길을 따르기만 하면, 필요한 것을 얻을 수 있다고 믿게 되었다. 결국, 아주 어릴 때부터 이 역학 관계를 받아들이게 되었고, 그 일부가 되어야 한다는 데 세뇌되었다.

거래는 간단하다. 정해진 단계를 따르면 체제가 보장한 결과물을 얻게 되는 것이다. 그 단계를 따르는 일이 쉬운 것은 아니지만, 노력하면 누구나 할 수 있다. 그래서 우리는 결과에 초점을 맞추게 되었다. 결과를 보면 각 단계를 제대로 따랐는지 확인할 수 있기 때문이다. 우리를 세뇌한 산업 체제는 사람들이 정해진 절차에 따랐는지 입증할 방법으로 결과에 주목할 것을 요구했다.

만일 이 체제를 신뢰할 수 있고, 예상 가능한 결과를 내는 일이 매우 중요한 일인 데다 결과에 따라 정직하게 보상을 받을 수 있다면, 우리가 결과를 우선시하는 것은 당연하다. 하지만 그렇지 않다면 어떻게 될까?

어느 날 갑자기 약속된 보상을 늘 받을 수 없게 된다고 생각해보자. 지시에 따라 해야 하는 일이 그리 하고 싶은 것도 아니다. 이 거래가 무의미하다는 건 이제 명백하다. 보상을 위해 마음과 영혼을 다해 바쁘게 살았지만, 그 보상이 약속만큼 주어지지 않기 때문이다.

우리가 정말 하고 싶은 일은 정해진 방법에 따라 이루어지지 않는다. 그것은 다른 패턴을 따른다. 우리는 그 패턴을 따를 수 있다. 기존 방식으로 빠르게 대체할 수 있는 것은 아니지만, 점차 습관으로 만들 수 있다. 그 패턴을 따르려는 이유는 원하는 것을 대가로 받기 위해서가 아니라 습관으로 쌓기 위해서이다. 따라서 꾸준하고, 단계적인 접근이 필요하다.

습관을 만드는 것은 요리와 비슷하다. 좋은 음식 재료를 준비하고, 세심한 부분까지 신경 쓴 후에 가열해서 식탁에 올리면 되는 것이다. 이 과정은 순서대로 진행된다. 하지만 처음으로 무언가를 만들 때는 그 과정이 능숙하게 이어지지 않으며, 조리법을 쉽게 기억할 수도 없다. 새로운 습관을 익히려면 리더십과 창의성이 필요한데, 이것은 **누구나** 할 수 있는 것은 아니다. 하지만 (잘되지 않을지라도) 추구할 가치가 있다. 우리는 이를 가리켜 예술(art)이라고 부른다.

우리가 속해 있는 산업 시스템은 결과를 바탕으로 한다. 영혼을 마비시킨 채, 지시받은 노동을 제공하는 대가로 생산성을 보장받는다. 하지만 우리는 다른 길을 선택할 수 있다. 다른 길이란 변화를 추구했던 사람들, 더 나은 세상을 만들고자 했던 사람들이 걸어간 길을 말한다. 이 길은 회복성과 관대함으로 정의할 수 있다. 바깥세상에 초점을 두고 있지만, 그곳에서 위안이나 박수를 받으려는 것은 아니다.

창의성은 반복되지 않으며 반복할 수 있는 것도 아니다. 그러나 **창의성을 발휘하는 과정은 패턴을 따른다.** 그것은 성장과 연결에 관한 습관이자 너그러움과 담대함을 쌓는 습관이다. 더불어 이타심과 자아가 끊임없이 어우러지는 습관이다. 이러한 행동 양식은 리더와 예술가들을 위해 존재한다. 실세계에 뿌리내리고 있으며, 우리가 원하는 곳으로 우리를 이끌어준다.

다만 이 습관을 쌓아가는 여정에 함께하는 상사는 없다.

그 누구도 책임져 줄 수 없기 때문이다. 이 길을 걷고자 한다면, 그 무엇보다 나 자신을 믿어야 한다.

힌두교의 중요한 성전 중 하나인 《바가바드기타》에서는 이렇게 말한다. "타인의 길을 완벽히 따라 걷기보다는 불완전하더라도 나의 길을 걷는 것이 낫다." 자신의 목소리로 세상에 변화를 일으킨 사람들을 떠올려보자. 그들이 걸었던 길은 남들과 달랐지만, 그들의 습관은 여러 면에서 공통되는 부분이 있다.

창의적인 사람들이 가진 습관의 중심에는 신뢰가 자리한다. 자아(self), 숨겨진 자아, 유일무이한 자아를 믿어야 하는 어려운 과정이 있지만, 당신만의 습관을 찾아야 한다. 그렇게 한다면 당신은 마법을 부리는 삶을 살게 될 것이다.

그 마법은 온전히 당신의 것으로, 지금 당신에게 꼭 필요한 것이다.

# 지금 당신이 찾고 있는 것은 무엇인가?

사람들은 대부분 무언가를 찾고 있다. 충분히 관심을 쏟으면 변화를 만들 수 있다는 생각과 가능성으로 계속해서 주변을 살핀다. 남을 따르기만 하는 사람은 나서서 길을 찾으려 하지 않는다. 그저 앞서간 사람들의 발자국을 따라갈 뿐이다. 테스트를 통과하고 지시사항을 준수하기만 한다면, 다음 단계로 넘어갈 수 있다.

리더는 더 나은 세상을 만들 방법, 사회에 이바지할 방법, 단단한 발판을 만들 방법을 찾는다. 변화를 일으키고, 모습을 드러내 존경받을 기회 또한 만든다. 이러한 과정을 거쳐 우리가 사는 세상과 문화가 만들어졌다. 그리고 점차 더 많은 사람들이 참여하고 이바지하여 가치 있는 무언가를 함께 만들었다. 이를 예술이라고 부르자. 잘되지 않을 수도 있는 일, 다른 사람을 위해 베푸는 일, 변화를 만드는 일 등의 행위가 예술이다. 스스로 자랑스럽게 여길 변화를 일으키기 위해 인간이 자발적으로 행하는 감정적인 행동이다.

현재 사람들이 여기에 활용할 수 있는 수단은 그 어느 때보다 많다. 앞으로 나아갈 방법 또한 수없이 많고, 세상에 이바지할 진정한 기회들도 있다.

우리가 맡은 역할은 중요하다. 더불어 우리가 펼치는 예술도 중요하다. 여기서 우리가 던져야 할 질문은 "내가 예술을 할수 있을까?"가 아니다. 그 이유는 우리가 이미 하고 있기 때문이다. 살아오면서 적어도 한 번은 목소리를 높여본 적이 있고, 중요한 문제를 해결하는 데 도움이 되었던 적도 있을 것이다.

우리는 그런 예술을 다시 펼쳐야 한다. 하지만 지금까지해온 것보다 더 많이 해야 한다. 우리가 진정 생각해봐야 할 질문은 "나는 그 일을 다시 할 수 있을 만큼 충분히 관심을 쏟고있는가?"이다. 소설가 존 가드너가 말한 것처럼, "사회와 조직의 부활은 누군가 주의를 기울였을 때 이루어지는 것"이기 때문이다.

# 자신을 벽에 건다는 것

• 아스크다 에크멕(Askıda ekmek): 터키의 아주 오래된 전통으로 '걸어 놓은 빵'이라고 해석할 수 있다. 터키에서는 동네 빵집에서 빵 한 덩어리를 사면서 다른 한 덩어리를 추가로 계산하면, 빵집 주인이 손님에게 빵 한 덩어리를 포장해주고, 나머지 한 덩어리는 벽에 붙은 고리에 걸어둔다.

터키에서는 돈이 없어 먹을 것을 구할 수 없는 사람이라면, 동네 빵집에 들러 벽에 걸린 빵이 있는지 물어볼 수 있다. 벽에 걸린 빵이 있다면 가게 주인은 빵을 나눠 줄 것이고, 덕분에 행인은 배고픔을 덜게 된다. 여기서 허기를 달래는 것만큼 중요한 것은 공동체 의식이 형성된다는 점이다.

창의적인 일을 하기로 선택했다면 당신은 문제를 풀고 있는 셈이다. 자신만을 위해서가 아니라 당신이 해낸 일을 마주하게 될 사람들을 위한 것이기도 하다.

자신을 벽에 거는 행동(put yourself on the hook)은 관대함을 베푸는 것이다. 우리의 통찰력과 사랑 그리고 마법을 다른 사람과 공유하는 것이다. 이러한 행동이 널리 퍼질수록 당신이 세상에 베푼 마음을 경험할 운이 좋은 사람들에게는 더욱 가치 있는 일이 될 것이다.

# 나만의 프랙티스 찾기

당신에게는 창의적인 활동을 보여주는 영웅이 있는가? 사람들을 이끌고, 무언가를 만들며, 서로를 연결해주는 그런 사람들 말이다. 아마 댄서나 뮤지션, 인권변호사 같은 사람들일 것이다. 어느 분야든지 두드러지는 이들이 있다. 앞으로 나타나게 될 무언가를 만들며 지금 일어나는 일을 알리는 사람들이다.

다음의 사람들을 보면 당신에게 도움이 될 것이다. 건축가 자하 하디드, 소프트웨어 개발자 조엘 스폴스키, 첼리스트 요요마, 현대 경영의 창시자 톰 피터스, 화가 프리다 칼로, 영화감독 뱅크시, 미국 전 연방대법관 루스 베이더 긴즈버그, 의학자 조너스 소크, 방글라데시 은행가 무하마드 유누스, 청소년 환경운동가 그레타 툰베리, 농구 감독 존 우든.

산 사람이든 고인이든, 유명하든 아니든 우리 문화 전반에는 변화를 일으킨 사람들이 존재한다. 물론 예외는 있지만,

이러한 예술가들이 경력을 쌓고 일하는 과정은 비슷하다. 만들어낸 결과물이나 처한 환경 및 활동 시기는 다를지라도, 프랙티스는 같다. 그리고 우리 또한 그들의 습관을 활용할 수 있다.

우리가 일하는 데 있어서 어쩌면 아주 강력한 비결 같은 건 필요 없을지도 모른다. 따라야 할 일련의 단계를 소개하는 것보다 지금 세상이 어떻게 돌아가는지 이해하는 게 더 도움될 것이다.

우리도 프랙티스를 활용할 수 있다. 다음에 소개하는 내용은 완벽한 결과물을 얻고 싶은 바람 뒤에 숨겨져 있던 놀라운 사실들이다.

- 스킬(skill)은 탤런트(talent)와 다르다.
- 과정이 좋으면 결과물도 좋지만, 늘 그런 것은 아니다.
- 완벽주의는 완벽해지는 것과 아무런 관계가 없다.
- 마음을 편하게 하는 말과 행동은 전혀 도움 되지 않는다.
- 자만심은 자기 신뢰의 반대말이다.
- 태도가 곧 스킬이다.
- 슬럼프 같은 건 없다.
- 전문가는 작품에 의도를 담는다.

- 창의성은 리더십을 보여주는 행위다.
- 리더는 가면을 쓰고 있다.
- 모든 비판이 의미 있는 것은 아니다.
- 작품을 세상에 공개할 때 창의성이 발휘된다.
- 좋은 취향을 갖추는 것도 하나의 능력이다.
- 열정은 선택이다.

우리는 앞으로 이런 놀라운 사실들에 관해 이야기할 것이다. 성공에는 비결이 있고, 지켜야 할 규율이 있다는 이제까지의 생각과는 완전히 다르다. 예술가들은 그런 체제를 피하려고 했기 때문에 성과를 낼 수 있었다. 그들은 지배적인 힘의 구조를 무너뜨리는 동시에 우리가 세상에 더 좋은 것들을 보여줄 수 있는 길을 열어 주었다.

# 우리가 할 일은 공을 던지는 것이다

나는 그동안 수백 명에게 저글링 하는 법을 가르쳤다. 저글링을 잘하려면 한 가지 간단한 통찰을 얻어야 한다. 공을 잡는 게 중요한 것은 아니라는 점이다.

저글링 하는 법을 배우지 못하는 건 항상 다음 공을 받으려 달려들기 때문이다. 일단 떨어지는 공을 받으려고 달려가면 다음 공을 던지는 자세가 흐트러진다. 그러고 나면 모든 게 엉망이 된다.

우선 공 하나로 시작한다. 공을 잡으려고 달려들지 않는다. 던지고 떨어지고, 던지고 떨어지고 … 던지고 떨어진다. 왼손으로 공을 20번 던지고, 20번 떨어지는 모습을 매번 지켜본다. 그러고 나서 오른손으로 다시 공을 던지고 지켜본다. 던지는 법을 연습하는 것이다. 이것을 충분히 잘하게 되면 받는 건 저절로 된다.

저글링을 배우려는 사람들이 가장 어려워하는 부분은 하

나같이 공을 떨어뜨리는 부분이었다. 공을 던지고 나서 공이 바닥으로 떨어질 때, 사람들은 가만히 한자리에 서서 지켜보는 것을 못 견뎌냈다. 공을 잡고 싶어 안달이 나 있는 데다, 심지어 어떤 사람은 바로 이 시점에 포기해버리기도 한다. 결과를 의식적으로 무시해야 하는 것을 참지 못하는 것이다. 하지만 끈기 있게 버티면, 그 과정은 금방 지나고 곧 추진력이 붙는다.

아마 15분쯤 지나면 던지고 던지고 떨어지고 떨어지는 방식을 시도할 수 있다. 간단히 공 2개를 가지고 2번 던지는 것이다. 그러고 나서는 별다른 스트레스 없이 던지고 던지고 받고 받는다. 쉬운 일이다. 던져야 할 지점에서 던지는 연습을 거쳤고, 꾸준히 하고 있기 때문이다. 그러고 나서 마지막 단계는 3번째 공을 추가하는 일이다. 항상 성공하는 건 아니지만, 그 어떤 방법보다 늘 좋은 결과를 낼 것이다.

**우리가 할 일은 공을 던지는 것이다. 받는 건 저절로 된다.**

# 부엉이를 그리는 법

아래는 흔히 볼 수 있는 그림인데, 오래된 만화에 나오는 그림 그리기 방법을 바탕으로 하고 있다.

**부엉이 그리는 법**

**1단계:** 타원 2개와 선 1개를 그린다          **2단계:** 부엉이를 그린다

이 그림이 웃음을 주는 건 1단계와 2단계 사이에 많은 부분이 생략되었기 때문이다. 타원과 선은 누구나 그릴 수 있다.

하지만 사람들은 (적어도 나는) 이 방법으로 부엉이를 그리는 법을 알지 못한다.

이 그림은 불확실에서 오는 어려움을 피하려는 사람의 욕망을 잘 보여준다. 그림의 제목은 그리는 방법을 알려준다고 약속하고 있다. 마치 인생처럼 말이다. 하지만 인생과 마찬가지로 이 그림 역시 우리에게 거짓말을 하고 있다.

중요한 일은 늘 그 방법에 대한 설명이 부족하다. 반면 좋아하는 일을 할 때는 아무것도 보장되어 있지 않다는 사실, 가야 할 길이 험하다는 사실, 그리고 시도하려는 일이 잘될지 확신할 수 없다는 사실에서 만족감을 얻는다.

사용설명서를 읽고 자전거 타는 법을 배우는 사람은 없다. 부엉이를 그리는 방법 역시 이렇게 배우는 사람은 없다.

# 뮤즈의 선물이 아니다

무대 위에서든, 컴퓨터 앞에서든 "제가 이걸 해냈습니다!"라고
말하는 일에 사람들은 관심이 많다. 하지만 누군가는 대중에게
평가를 받아야 하는 이러한 순간에 압도되어 당황하기도 한다.

우리는 종종 인생을 창의적으로 살 기회를, 다른 사람에게
베풀며 살 기회를, 인생의 문제를 해결할 기회를 놓친다. 게다가
기회를 잡았을 때조차도 조심스럽게 움직인다. 창의성을 마치
사라지기 쉬운 마법처럼, 뮤즈가 준 선물처럼 대한다.

말도 안 되는 소리다. 창의성을 이런 식으로 받아들일 필
요가 없다. 하늘의 부름이나 선택을 기다릴 필요도, 기다리고
있어야 할 의무도 없다. 마법 같은 일을 해내기 위해서는 마법
을 부려야 한다는 믿음 역시 필요치 않다.

우리는 선구적인 창작자들의 실행 과정을 본받으면 된
다. 눈을 크게 뜨고, 사회에 보탬이 되도록 나 자신과 실행 과정
을 믿고 여정을 이어가면 된다. 바로 이것이 우리가 더 나은 세

상을 만들 기회다. 창의적인 사람이 될 것인가는 선택이지만, 창의성에는 분명 전염성이 있어서 선택만 한다면 금세 퍼질 것이다.

# 누구나 예술가가 될 수 있다

(그림을 그리는 행위는 아니지만) 잘되지 않을 수도 있는 어떤 일을 하는 것, 그저 다른 사람에게 베풀 수 있다는 이유만으로 일하는 것, 이것은 예술이다. 탤런트와 스킬, 솜씨와 관점이 모여 해묵은 문제를 해결할 새로운 방법을 제시한다. 우리가 나 자신과 문화를 변화시키는 방법이다.

예술은 정답이 없는 곳에서 하는 일이다. 그러나 노력을 기울일 가치가 있는 여정이다. 예술은 컴퓨터 키보드로, 그림 그리는 붓으로, 아니면 우리의 행동으로 표현할 수 있다. 우리는 프랙티스를 기꺼이 따르기 때문에, 그리고 우리에게 세상을 변화시킬 가능성이 있다고 믿기 때문에 예술을 펼친다.

그렇다면 당신은 예술가인가?

그림을 그리거나 박물관에 전시될 작품을 만드는 사람으로 국한되지 않는다. **예술가는 변화를 불러오는 사람이다.** 잘되지 않더라도 다른 사람을 위한 일을 기꺼이 하는 사람이다.

스스로 예술가라고 선언하는 순간, 우리는 예술가가 된다. 리더로서, 코치로서, 기부자로서, 디자이너로서, 음악가로서, 기획자로서…. 우리가 하는 일은 말 그대로 예술이다. 우리가 충분히 관심을 쏟는다면 말이다.

전설적인 그래픽디자이너 밀턴 글레이저가 말했다.

"예술의 문제점 중 하나는 스스로 선택해야 하는 일이라는 점이다. 스스로 예술가라고 칭하기만 하면 되지만, 사실 예술가는 극소수이다. 예술을 통해 세상을 더 좋은 곳으로 만드는 일은 전문 분야에서 이루어내는 가장 큰 성과이다. 이것은 예술의 역할이 개인에 한정된 것이 아니라 함께하는 모든 사람을 돕는, 공동을 위한 것임을 알아야 한다. 이 부분을 이해하는 게 중요하다. 특히 자본주의 사회에서는 말이다."

자신의 목소리를 찾을 것인가, 아니면 그 목소리를 계속 무시할 것인가? 그건 우리의 선택에 달렸다.

# 더 나은 세상을 만드는 베풂

우리는 누군가를 변화시킬 새로운 무언가를 만드는 일을 예술이라고 한다고 했다.

최선을 다해 작품을 만들면 (적어도 지금, 이 순간의 최선) 그 작품은 예술이 될 기회를 얻는다. 그렇게 되면 우리는 다시 작품을 만들 수 있다. 당장의 결과물을 생각하지 않고, 여정에 전력을 다하는 것이다.

우리는 태어날 때부터 예술을 펼칠 준비가 되어 있지만, 그렇게 할 정도로 자신을 믿어서는 안 된다고 생각하도록 주입되었다.

우리는 탤런트가 충분치 않다는 이야기를 들으며 자랐다. 그러나 탤런트가 부족한 건 괜찮다. 대신 스킬을 익힐 수 있기 때문이다.

우리는 목소리를 높일 자격이 없다는 소리를 들어왔다. 하지만 그동안 얼마나 많은 사람이 각자 목소리를 높여왔는지 알고 있다.

마지막으로 우리는 성공할 수 없다면 시작조차 말라는 충고를 받아왔다. 하지만 지금은 결과보다 그곳에 이르는 여정이 더욱 중요하다는 것을 알고 있다.

예술이란 어떤 일을 통해 더 나은 세상을 만드는 베풂의 행위이다. 당신도 예술가가 될 수 있다.

## 011

# 기분이 행동이 되지 않게

워크샵 플랫폼 아킴보(Akimbo)의 학장인 마리 샤흐트에 따르면, 사람이 느끼는 감정에 대해서는 대처할 수 있는 게 별로 없는 때가 많다고 한다. 특히 중요한 일과 관련된 감정은 더욱 그러하다. 하지만 행동이라면 늘 통제할 수 있다.

일(work)이란 매우 중요하기 때문에 그날의 기분에 따라 흘러가도록 둘 수 없다. 다만 행동에 전념하면 기분을 바꿀 수 있다. 우리가 프로세스를 신뢰하며 일하는 것처럼 행동한다면, 감정 또한 따라올 것이다.

유한한 삶을 살면서 대단한 작품을 만들고 싶다는 기분이 들 때까지 기다리는 것은 우리에게 너무도 큰 사치이다.

## 012

# 당신의 머릿속을 꽉 채운 이야기

내 머릿속에는 한 구절이 있다. '매사가 ○○ 해야 한다.'는 것이다. 당신의 머릿속에도 있다. 그런 머릿속의 이야기는 우리의 행동을 끌어낸다.

흔히들 머릿속 이야기를 실현하려고 많은 사람들이 말도 안 되는 일을 벌인다. 생각 속 이야기는 자격이나 탤런트 타령일 수도 있고, 불평등이나 특권 타령일 수도 있다. 그런 이야기는 주로 자신에 대한 기대를 낮추거나 기존 방식을 그대로 유지하고 싶다는 유혹, 실패를 피하려는 마음 등에서 비롯된다. 우리는 이런 이야기를 실현하려고 노력한다. 그렇게 하는 편이 훨씬 쉽고 편하기 때문이다.

"(지겹게도) 또 시작이군."이라고 생각해버리는 건 나 자신을 피해의식에 가두는 손쉬운 방법이다. 피해의식을 가지게 된다면, 일은 더 이상 당신이 하는 게 아니다.

내가 나설 차례가 아니라고, 나는 탤런트가 충분하지 않다고 믿는다면, 그런 생각이 진실이 되도록 우리는 할 수 있는 모든 것을 할 것이다. 앞으로 나서서 일하지 않고, 뒤로 물러나 누군가의 선택만을 받기를 기다릴 것이다.

이런 생각들은 우리가 자라면서 겪은 양육 방식이었거나 일련의 사건으로 가지게 된 것일 수 있다. 난로에 데인 적이 있다면 난로 근처로는 절대로 가면 안 된다고 자신을 설득하게 된다. 결국 스스로 되뇌는 이야기가 행동으로 이어지는 것이다.

이야기를 바꾸고 싶다면, 행동을 바꿔라. 어떻게 행동할지 정하면 머릿속 이야기도 자연스레 수정될 수밖에 없다.

**우리는 행동하는 바로 그 사람이 된다.**

# 몰입의 순간

누구나 몰입(flow)을 경험한 적이 있다. 한번 경험하고 나면, 다시 그 느낌을 느끼고 싶어서 몸이 근질거릴 지경이 된다. 몰입의 순간에는 생각을 방해하는 요소들이 사라지고, 머릿속 이야기들이 물러가며, 속삭임이 잦아든다. 마침내 오직 하는 일에만 온전히 열중하게 된다.

장거리 하이킹이나 브레인스토밍을 하는 시간에는 어김없이 몰입이 찾아온다. 지금 하고 있는 일로 예술을 펼칠 때 몰입의 순간이 시작된다.

하지만 이 순간을 경험하지 못하는 사람도 있다. 그건 몰입의 순간이 찾아오기를 기다리기 때문이다. 사람들은 몰입의 순간이 자신을 선택해 찾아와 주기를 바란다. 그러기 위해서는 상황 조건이 정확히 맞아떨어져야 한다고 생각한다. 조금이라도 조건이 맞지 않으면 몰입의 순간이 오지 않는다고 여기는 것이다.

만약 몰입이라는 게 우리가 선택할 수 있는 것이라면, 몰입의 순간을 과정 안에 넣으면 어떨까?

일부 창작자들은 백지 한 장을 도화선으로 사용한다. 피아노 건반이 계기가 되는 사람도 있고, 회의에서 발표를 시작하는 순간 그런 기분을 느끼는 사람도 있다.

몰입하지 않고도 일할 수 있는 상태를 만들면 오히려 몰입의 순간이 찾아올 가능성이 커진다. 결국, 모든 건 원하는 변화를 만들 수 있다고 자신을 신뢰하는 일에서부터 시작한다. 몰입의 순간이 오면 일하고 있다는 생각이 들지 않는다. 일은 의지와 상관없이 늘 하는 것으로, 그러다 보면 어느 순간 예고도 없이 몰입이 일어난다.

몰입이라는 건 일하는 과정에 나타나는 징후이지, 일을 시작하도록 만드는 계기가 아니다.

## 014

## 당신의 목소리를 찾아야 할 때다

우리는 변화의 길을 걸을 수 있다.

- 방법은 있지만, 정해진 단계는 없다.
- 전략은 있지만, 전술은 그다지 중요하지 않다.
- 과정은 있지만, 항상 좋은 결과로 이어지는 건 아니다.
- 프랙티스를 활용하면 언제나 더 나은 결과를 얻는다.

앞서 어떤 시도가 성공했는지 확인하는 시간을 가져라. 손을 들고 남들보다 앞장서 중요한 무언가를 만든 창의적인 영웅들을 반복해서 살펴보라.

그들이 했던 일에는 패턴이 있고, 종종 다른 관점에서 움직였으며 그 과정에서 시행착오를 겪는 모습이 담겨 있다.

우리도 지금의 자리에서 시작할 수 있다. 볼 수 있고, 보여줄 수 있다. 들을 수 있고, 말할 수 있다. 그리고 숙명적으로 해야 하는 일을 할 수 있다.

종종 사람들은 자신이 좋아하는 일보다 더 많은 것을 누릴 수 있는 일을 선택한다.

하지만 분명한 것은, 좋아하는 것을 택하는 것이 더 좋은 일이다.

## 프로가 외우는 주문

내가 진행하는 팟캐스트에는 다음 질문이 가장 많이 들어온다.

"열정은 어디에서 찾아야 할까요?"

그럼 자연스레 이런 질문도 따른다.

"지금 하는 일에 열정을 느끼지 못한다면 어떻게 해야 할까요?"

일단 자신을 믿기로 마음먹었다면 열정은 찾아올 것이다. 열정은 타고나는 게 아닌 데다 한 가지에만 쏟아붓는다고 저절로 생기는 것도 아니다. 그 영역은 한정되어 있지 않다. 열정은 우리가 선택하는 것이다. 이것은 그저 우리가 나 자신을 믿고 나아가기로 정한 일이다.

다만, 그 일에 대해서 분석해볼 가치는 있다. "소명을 찾는다."라는 목표를 세운다면, 그 뒤에 몸을 숨기기 너무 좋기 때문이다. 잘되지 않을지도 모를 일에 누가 에너지를 쏟고 싶겠는가? 그 일을 위해 숙명적으로 태어났다는 걸 알기 전에는 누가 그 여정에 힘을 쏟고 싶겠는가?

　　그런데 여기에는 함정이 있다. 힘든 일을 하고 나서야 비로소 그 일은 소명이 된다. 과정을 믿어야만 비로소 열정이 생긴다. "사랑하는 일을 하라!"는 건 아마추어들을 위한 말이지만, "지금 하고 있는 일을 사랑하라!"는 건 프로가 외우는 주문이다.

## 016

# 반복을 받아들여라

우리는 결과물(outcome)을 중시하는 문화에서 살고 있다. 배관공은 고치는 과정에 들인 노력으로 인정받지 않는다. 물이 새던 수도를 고쳐야만 한 일을 인정받는다. 장기간에 걸쳐 직원을 대하는 방법으로 기업을 평가하는 경우는 거의 없다. 기업을 판단하는 기준은 주당순이익이다.

단기적인 결과물에 집중한다는 건 베스트셀러 순위에 올라야 좋은 책이라고 판단하고, 쇼 프로그램에서 우승해야 잘하는 가수라고 생각하며, 경기에서 트로피를 받아야 훌륭한 운동선수라고 본다는 뜻이다.

대부분이 결과에 집착하는데, 사실 그 결과물이란 과정을 따른 것이다. 올바른 과정을 정한 다음, 시간을 들여 반복하면 좋은 결과물로 이어질 때가 많다. 하지만 오직 결과물에만 집중하게 되면 일은 지루해지고, 단기간에 성과를 내려 하거나 이기적인 선택을 할 수밖에 없다. 그러면 결과물을 내기까지의 과정에는 눈을 감게 되고, 너무 이른 단계에서 포기하기 쉽다.

반면 놀라운 성취를 얻기 위해 실천하는 프랙티스는 꾸준히 이루어진다. 과정에 품을 들이는 일로서 단순히 목록에 있는 다음 목표를 이루고자 집중하는 게 아니다. 사람들은 이유가 있어서 일한다. 하지만 일을 기계적으로 대하고, 즉각적인 결과물에만 초점을 맞춘다면, 프랙티스는 엉망이 될 것이다.

과정에 노력을 기울이는 일이야말로 우주가 나를 선택하는 행운이 따르기를 바라는 복권 당첨식의 마음가짐을 대체할 유일한 방법이다. **반복을 받아들여라.** 반복해야 하는 데는 이유가 있다. 평생 이어진 세뇌로 인해 사람들은 일을 측정할 수 있는 결과로 말하며, 일을 시작하기 전에는 반드시 성공 비결을 숙지해야 한다고 생각한다.

그래서 우리는 꿈을 묻어 둔다. 다른 사람의 생각이 내 머릿속에 자리 잡게 두고, 자신은 독창적으로 사회에 이바지할 방법이 없는 껍데기일 뿐이라고 되뇐다.

내가 이야기하는 프랙티스는 지금까지와는 전혀 다른 패턴을 받아들여야 할 필요성에서 시작한다. 여기에 정해진 것은 아무것도 없지만, 과정을 수립하고 나 자신을 믿어야 한다.

맥북의 인터페이스를 디자인한 수잔 케어는 다음과 같이

말한다.

"결심한다고 해서 걸작을 만들 수 있는 건 아닙니다. 열심히 생각하고, 열심히 일해야 합니다. 그러고 나서 운이 좋다면 우리가 만든 작품을 의미 있다고 느끼는 사람들이 나타날 겁니다."

듣고 싶은 이야기는 아닐지 모르지만, 수잔의 말은 사실이다.

## 017

# 세상에서 가장 나쁜 상사

우리는 세상에서 가장 나쁜 상사 밑에서 일하는 건지도 모른다.

당신의 상사는 얼간이일 수도 있다. 당신이 이룬 성과를 전부 인정하지 않을 수도 있다. 게다가 괜찮은 클라이언트를 데려오지 못해 쓸데없는 일을 계속하게 만들 수도 있다. 아니면 업무에 쏟은 모든 통찰력과 관심, 열정에 맞는 보상을 제시하지 않을 수도 있다.

심지어 타당한 이유 없이 한밤중에 사람을 깨울 수도 있다. 업무에 대한 걱정을 조금이라도 더 하게 만들 심산으로 잠든 직원을 깨우는 것이다. 결정적으로 그들은 우리의 능력에 대해 잘못된 기대를 한다.

지금 이 이야기를 듣고, 당신은 누군가를 떠올릴 것이다. 그리고 한 가지 더. 세상에서 가장 나쁜 상사는 우리 자신일지도 모른다. 왜냐하면 사람들이 생각하는 가장 중요한 상사는 바로 자기 자신이기 때문이다. 좋은 상사라면 직원에 대한 기대치를 높이면서도 실패했을 때는 쉴 수 있는 틈을 준다. 우리에게 필요한 상사는 부지런하면서도 참을성 있고 통찰력을 갖춘 사람이다.

우리는 우리를 신뢰해주는 상사가 필요하다. 나는 이따금 "당신 자신을 믿으세요."라는 말을 하곤 한다. "당신을 믿으세요." 대신 "당신 자신을 믿으세요."라고 말이다. '당신 자신'이란 누구인가? 믿음을 주고, 믿음을 받는 사람은 누구인가?

우리에게 필요한 것은 이 여정에 있는 동안 자신감을 가지고, 앞으로 나아갈 수 있도록 나를 믿어 주는 상사이다. 공황 상태에 빠지지 않고, 매번 외부의 확인을 받으려 하지 않으며 오랫동안 함께 일할 수 있는 상사이다. 무엇보다도 우리가 상사에게, 즉 나 자신에게 바라는 것은 어떤 일을 해낼 수 있는 능력을 갖추었다고 바라봐주는 것이다.

지금 우리가 스스로를 대하는 것처럼 누군가 나를 대한다면, 우리는 그 사람을 위해서는 절대 일하지 않을 것이다. 우리는 이제 자신을 훈련시켜야 한다. 자기 자신을 믿고, 일의 과정을 믿으며 '나는 능력을 갖춘 사람'이라고 믿어야 할 때이다.

# 018

## 좋은 결정 vs 좋은 결과물

월드 시리즈 포커 챔피언인 애니 듀크는 좋은 결정과 좋은 결과물 사이에는 큰 차이가 있다는 걸 알려준다. 좋은 결정이란 모든 선택지와 확률을 바탕으로 내리는 결정으로, 좋은 결과물이 나타날 수도, 아닐 수도 있다. 그건 숨은 답을 찾아내는 게 아니라 운에 따르는 결과이기 때문이다. 좋은 과정을 거쳤다고 해서 원하는 결과를 보장할 순 없는 것처럼 좋은 결정과 앞으로 일어날 일은 별개의 문제이다.

당신이 미국을 횡단하려고 한다면 직접 운전하기보다는 항공편을 이용하는 게 안전하다. 미국 북서쪽에 있는 리노가 목적지라면 가장 안전하게 가는 방법은 자동차를 운전하는 게 아니라 비행기를 타는 것이다. 설사 리노행 비행기를 탔다가 사고로 사망한 사람이 있더라도 그가 생전에 리노로 가는 방편을 비행기로 택한 것이 나쁜 결정이었던 것은 아니다.

타인을 위해 창의성을 발휘하는 과정 또한 마찬가지다.

특정 작업이 반향을 얻지 못했더라도, 사람들의 반응이 마음에 들지 않았더라도 작업의 과정은 훌륭했을 수 있다. 그건 우리가 찾는 바와 창작하는 방식이 다르기 때문이다. 그럼에도 불구하고 과정을 건너뛰고 결과물에만 초점을 두는 것은 일을 망치는 지름길이다.

## 019

## 의도가 프랙티스의 핵심이다

우리가 존재하는 이유는 다른 사람에게 도움이 되기 위해서가 아닐까? 우리가 할 수 있는 일에서 사회에 이바지할 일을 찾기 위해서 말이다. 이러한 여정을 떠나는 유일한 방법은 시작하는 것뿐이다.

하지만 잘될 거라는 보장은 그 어디에도 없다. 사실, 우리가 하려는 일의 대부분은 잘되지 않는다. 그렇지만 우리의 의도, 즉 다른 사람을 돕겠다는 생각, 더 좋은 세상을 만들겠다는 생각, 중요한 작품을 만들겠다는 생각, 바로 이런 의도들이 실천 습관의 핵심 요소가 되는 것이다.

## 020

## 결과에 대한 보장

프랙티스는 결과물의 성공 여부와는 전혀 관계가 없다. 이게 함정이다. 결과를 보장하려면 산업적 동일성(industrial sameness)이 있어야 한다. 이미 검증된 방법, 그리고 무엇보다 무용한 노동자를 대체할 수 있는 방식이어야 한다. 누구나 할 수 있는 일이면 아무나 고용하면 된다.

결정한 일을 진행하는 것은 자신이 그 일을 더 잘하도록 쏟을 능력이 있다는 걸 인정하는 일이다. 배우기 위해서, 알기 위해서, 향상하기 위해서 일하는 것이다. 결과에 대한 확실한 보장을 찾는 건 해답이 없는 일일뿐더러 찾는다고 한들 아무 소득도 없으면 가능성을 여는 게 아니라 끝내버리는 일이다.

영국의 록그룹 블랙 사바스의 드럼 연주자였던 빌 워드가 그들의 첫 히트곡에 관해 이야기한 것이 생각난다. "저는 그 곡이 흥행에 실패하리라 생각했어요. 그렇지만 곡 자체는 매우 뛰어나다고 생각했죠."

## 가면을 쓴 기분

적어도 나는 일을 최고로 잘했을 때 이런 기분이 든다.

1978년 심리학자 폴린 클랜스와 수잔 임스가 '가면 증후군'이라는 병명을 붙이기 훨씬 전부터, 우리는 그런 증상을 겪어왔다. 가면 증후군은 우리 머릿속의 소리이다. 우리에게는 손을 들 일도, 물속으로 뛰어들 일도, 무대 위에 설 일도 없다는 걸 명심하게 만드는 그런 소리 말이다.

나도 종종 가면을 쓴 것 같이 느껴질 때가 있다. 그건 내가 하는 최고의 일은 이전에 한 번도 해본 적이 없는 일이기 때문이다. 최근 한 조사에 따르면 노동 인구의 40%가 혁신, 원활한 소통, 그리고 의사결정이 필요한 직종에 종사하는 것으로 추산되었다. 그들은 가면을 쓴 것 같다는 생각에 매일 노출된다.

일이 어떻게 될지 확신하지 못하는 건 당연하다. 어떻게 그걸 확신할 수 있겠는가?

설명서가 있거나 효과가 입증된 세계 최고의 성과 창출

운영방식 같은 건 당연히 없다. 혁신의 본질은 마치 무언가를 하는 것처럼 행동하는 것이다. 멋진 일을 하는 것처럼 행동하고, 그 일이 잘될 것처럼 행동하고, 참여할 권리가 있는 것처럼 행동한다. 그러다 보면 좋은 결과를 내는 데 불필요한 일이 무엇인지 알게 될 것이다.

# 022

## 중요한 일을 하고 있다는 신호

가면 증후군은 우리가 중요한 일을 하고 있다는 신호이다. 과정을 신뢰하고, 다른 사람을 위해 베푸는 마음으로 일하고 있다는 의미다.

다만 자신감은 과정을 신뢰하는 것과 다르다. 이건 결과물을 통제할 수 있다고 생각할 때 드는 감정이다. 1970년대 미식축구 선수 조 네이머스는 뉴욕 제츠팀을 슈퍼볼 우승으로 이끌 수 있다고 보장하며 언론에 자신감을 드러냈다. 프로 선수들은 누구나 자신감에 차 있지만, 절반 이상이 경기에서 패배한다. 모든 경기, 모든 토너먼트에 자신감을 가지고 임하지만, 지는 선수가 나온다.

일어나는 사건을 통제하려고 하면 심적 고통과 좌절이 따른다. 그보다 더 최악인 건 시작도 하기 전에 결과를 보장받아야 한다면 절대 시작할 수 없다는 점이다. 자신감을 대신할 수 있는 마음가짐은 과정을 믿고, 다른 사람을 위해 베푸는 마음으로 일하며, 어떤 결과든 겸허히 받아들이는 자세이다.

우리는 가면을 쓰고 있다. 하지만 더 좋은 세상을 만들려고 다른 사람을 위해 베푸는 마음으로 쓴 가면이다. 가면 증후군을 앓는다는 건 우리가 혁신하고 있고, 사람들을 이끌고 있으며, 무언가를 창조하고 있다는 증거이다.

# 023

# 일단 시작하라

정체성(identity)은 행동을 만들고, 행동은 습관을 형성하며, 습관은 실천 습관의 일부가 된다. 따라서 프랙티스는 우리를 목적지로 데려다주는 유일한 수단이 된다.

'베스트셀러 작가'가 되기 전에 우선 작가가 되어야 한다. '인정받는 기업가'가 되기 전에는 일단 무언가를 이뤄내는 사람이 되어야 한다.

"나는 ○○○이지만 사람들이 아직 모를 뿐입니다."라는 말과 "저는 ○○○가 아닙니다. 사람들이 제게 그렇다고 말해주지 않았기 때문입니다."라는 말은 완전히 다른 소리이다. 우리가 가진 유일한 선택지는 일단 시작하는 것이다. 그리고 시작할 수 있는 유일한 장소는 바로 지금 있는 곳이다.

전략 전문가인 이모젠 로이는 효과적인 목표란 최종 결과에 바탕을 두는 게 아니라고 설명한다. 효과적인 목표는 결과물보다 과정에 노력을 쏟는 것이다. 노력은 우리가 온전히 통제

할 수 있다. 그리고 노력을 기울일 단 하나의 방법은 일단 시작
하는 것이다.

# 024

## 불편은 패턴을 보여준다

우리는 '내가 누구인지' 쉽게 설명하지 못한다.

"저는 약 183cm입니다."라는 말은 맞는 대답이 아니다. 키는 주어지는 것이기 때문이다. 반면 "저는 요리사입니다."라는 대답은 당신에게 달려 있다(물론 아닐 때도 있지만).

우리는 리더나 작가와 같은 역할이 타고난 권리이며, 제자리에 고정된 것으로 우리가 그런 사람이거나 혹은 아닌 것으로 믿도록 강요되었다. 그러나 진실은 간단하다. 리더가 되고 싶다면, 조직이나 단체를 이끌어라. 작가가 되고 싶다면 글을 써라.

"저는 ○○○을 제공하고 있습니다."라는 건 각자 선택으로 만들 수 있는 것이다. 일단 시작하기만 하면 그런 사람이 된다. 이런 생각의 전환이 간단하다는 걸 알면 지금, 이 순간이 불편하거나 회의적으로 느껴진다. 프랙티스를 받아들여야 하는 이유가 바로 여기에 있다. 평생 주어진 대로 살다가 새로운 리들과 원칙을 따르고, 새로운 방식으로 세상에 존재하려고 한다면 이는 쉽지도 않고 편하지도 않다. 물론 그러한 불편은 좋은 신호다. 패턴이 보이기 시작했다는 뜻이기 때문이다.

# 25

## 그는 천재가 아니었다

드류 데르나비치는 업계 최정상에 있는 만화가이다. 그는 잡지 〈뉴요커〉에 그 누구보다 많은 만화를 실었다. 꿈의 직업이 아닌가! 집에서 잠옷 바람으로, 몇 분 동안 웃긴 이야기를 떠올린 다음 스케치해서 돈을 번다.

분명 재밌기만 한 일은 아니겠지만, 이 일은 진짜 탤런트가 있는 사람, 천재, 그리고 그걸 이해하는 사람에게만 주어지는 일이다.

그래서 드류 데르나비치가 자신의 책상 사진을 인터넷에 올렸을 때 큰 화제가 되었다. 그는 천재가 아니었다. 그저 우리보다 종이가 더 많을 뿐이었다.

당신이 그림 그리기를 포기하기 전까지 얼마나 많은 작품을 거절당하게 될까? 반면 재밌는 만화를 그리는 법을 터득하기까지는 그저 그런 만화를 얼마나 많이 그려야 할까?

분명한 것은 이 2가지 일이 서로 연결되어 있다는 것이다.

# 026

# 중요한 건 우리가 결심했다는 것이다

로큰롤 명예의 전당에 오른 드럼 연주자 데이브 그롤이 말했다.

"미 힙합계 전설 닥터 드레, R.E.M.의 리드 보컬리스트 마이클 스타이프, 잭 브라운 밴드 보컬 잭 브라운…. 이들을 보면 아마 공통점이 전혀 없다고 생각할 겁니다. 각자 매우 다른 사람들이기 때문입니다. 그런데 이들의 이야기는 거의 완벽할 정도로 똑같습니다. 모두 10~13세에 음악가가 되고 싶다고 마음먹었죠."

음악적 스킬을 십 대에 발전시켰다는 점이 중요한 게 아니다. 핵심은 그들이 어릴 적 음악가가 되겠다고 결심한 순간부터 꾸준히 노력해왔다는 것이다. 그들은 어린 시절 거울을 볼때, 거울 속 자신의 모습을 음악가로, 예술가로, 그 여정에 전념하는 사람으로 보았다.

십 대라는 것에 무슨 마법 같은 건 없다. 다만 이미 발전시켜온 정체성을 버릴 필요가 없다는 점에서 새로운 정체성을 형성하기가 쉽다. 예술가가 되기로 **언제** 결심했는지는 프랙티스를 따르는 데 중요하지 않다. 중요한 건 우리가 결심한다는 데 있다(우리의 어머니가 그 결정에 개입했든, 안 했든 상관없이 말이다).

# 027

# 그냥 하면 된다

《아티스트 웨이》의 저자 줄리아 캐머런이 소개한 모닝 페이지°
라는 습관은 내면을 끄집어낼 수 있도록 도와준다. 뮤즈나 신비
로운 마법의 힘이 아닌, 그저 우리가 선택한 정체성의 진실을
드러내는 것이다.

매일 무언가 만드는 일을 하고 있다면, 우리는 이제 창의
적인 사람이다. 하기로 정한 일을 실행하고, 예술가가 되어라.
계획하지 말고, 그냥 예술가가 되면 된다. 예술가인 것처럼 행
동하는 게 정체성을 찾는 방법이다.

글쓰기는 창의적인 사람이 되는 만능 해결책이다. 화가,
기업가, 상담사, 서커스 배우 등 모든 사람들은 각자 자신의 이
야기를 써 내려갈 수 있다. 그러한 글은 우리가 세상을 보는 방
법과 세상을 바꿀 방법을 적은 영구적인 기록이다.

---

° 매일 아침 눈을 뜨자마자 머릿속에 떠오르는 생각을 자유롭게 써나가는 것으로, 내면의 목
소리에 귀를 기울이게 된다.

글은 혼자 쓸 수 있다. 다른 사람이 절대 보지 않을 노트에 쓰면 된다. 그렇지만 공개적으로 글을 쓴다면 훨씬 큰 효과를 얻을 수 있다. 내가 쓴 글이 사람들 앞에 공개되면 정체성이 확립되는 것이다.

블로그에 매일 글을 올려보아라. 블로그는 사용하기에도 쉽고, 비용도 들지 않으며 당신이 누구이고 무슨 일을 하는지 세상에 알려지기 전에 당신의 정체성을 확고히 해줄 것이다.

작가는 글을 쓰고, 육상 선수는 달리기를 한다. 당신도 당신의 일을 통해 정체성을 확립하라.

# 028

# 비밀이 아니라 프랙티스다

테이블 마술이나 최면 같은 심리 마술이 성공하는 건 아주 간단한 한 가지 이유 때문이다. 그건 마술사가 쓰는 속임수를 우리가 모른다는 것이다. 불가능할 것 같은 일이 벌어지는 긴장감 도는 상황과 불가능한 일은 절대 일어날 리 없다는 자신감이 결합한다. 바로 그렇게 마술이 성공하는 것이다. 어떻게 그런 일이 가능한지 궁금하지만, 그런 의구심은 버려야 한다. 일단 방법을 알고 나면, 모든 긴장감(그리고 마술과 마술사에 대한 흥미 역시)이 즉시 사라지기 때문이다.

예술을 평가하는 일도 마찬가지다. 사람들은 우주와 교감할 수 있다고 믿고 싶어 한다. 그래서 예술적 영감을 주는 뮤즈가 창의적인 사람에게 아껴둔 진실을 속삭여 준다고 말이다.

작품을 만드는 사람이 남다른 경험을 했다고 생각하면 경외감을 받아들이기 쉬워진다. 나는 창의적인 과정에 관해 글쓰는 걸 아주 좋아한다. 날아다니는 스파게티 괴물°에 닿기를 바라며 텅 빈 곳을 응시하는 것, 초월 상태에서 나를 향한 하늘의 명을 따르는 건 어떤 기분일지 상상하는 건 너무 즐거운 일이다.

다만 그게 예술이 이루어지는 과정에 존재하는 비밀은 아니다. 예술에는 비밀이랄 것도 없다. 자신을 믿고, 할 일을 시작하는 실천 습관만 있을 뿐이다.

---

○ Flying Spaghetti Monster. 바비 헨더슨이 2005년에 창시한 기독교를 패러디해 만든 종교이자, 그 종교가 숭배하는 대상을 가리키는 말이다. 기독교에서 증명하지 못하는 초월적 존재를 믿는 것이나 스파게티 괴물을 믿는 것이나 결국에는 같다는 의미로, 여기에서는 증명할 수 없는 어떤 존재나 신념 정도로 해석할 수 있다.

# 029

# 물고기를 잡지 않는 낚시

내 친구 알란과 빌이 와이오밍주에서 작은 행사를 열었는데, 행사 3번째 날에는 참석자 모두가 새벽 5시에 일어나 플라잉 낚시 강습을 받아야 했다.

경험 삼아 한번 해보고 싶다는 생각은 늘 했지만, 실제로 물고기를 잡아야겠다고 생각하지는 않았다. 잡은 뒤에 놓아준다 하더라도 말이다. 그래서 낚시 강사가 내 낚싯대를 설치해 줄 때, 낚싯바늘 없이 미끼만 달아달라고 부탁했다. 강사는 이상하다는 눈빛으로 나를 쳐다보기는 했지만, 낚시도구함에서 미끼만 찾아 그렇게 달아주었다.

다음 몇 시간의 경험은 특별했다. 특히 나는 물고기를 낚을 일은 없다는 걸 알고 있어서 더욱 그러했다. 반면 내 친구들은 물고기를 잡기 위해 동분서주했다. 그들은 물고기가 어떻게든 낚싯바늘을 물기를 간절히 바라는 듯 보였다.

하지만 나는 쉽게 확인할 수 있는 결과물인 물고기에 연연할 필요가 없었으므로 낚시 습관 자체를 만드는 데만 집중할 수 있었다. 낚싯대를 던질 때의 리듬이나 자세 같은 낚시 속의 물리학에만 집중했다. 전문 낚시꾼이 되면 물고기를 낚아 집으로 가져갈 수 있어야 한다. 그게 바로 매일 낚시하러 가는 동력이 되는 것이다. 하지만 물고기를 잡는 건 낚시 습관을 기르는 일에 따라오는 부산물이다. 이처럼 습관을 바르게 잡는다면, 그 노력으로 시장(market)의 문이 열 수 있을 것이다.

조각가이자 작가인 엘리자베스 킹은 "의욕이 떨어졌을 때 우리를 구해주는 건 과정"이라고 말한다. 이 말은 낚시에도 적용된다. 낚시하는 사람들은 물고기를 빨리 잡을 손쉬운 방법을 찾는다. 하지만 그러는 동안 낚시 습관을 기르는 일에는 소홀하게 된다. 따라서 프랙티스에 노력을 기울여 할 일을 하게 될 때까지는 판단을 제쳐 두는 것이 현명하다.

# 포기하고 싶을 때

우리에게 주어진 환경이나 조건이 완벽한 때는 없다. 예기치 않게 주변 상황이 나빠지기도 하고, 건강에 적신호가 켜질 수도 있다. 그렇게 되면 우리는 흔들린다. 특히 심술궂은 내면의 소리가 들린다.

"나는 거부당했어."

사실 이런 상황을 나열하자면 한도 끝도 없다. 그리고 그럴 때마다 의욕이 떨어진다. 모든 관계를 끊고, 주저앉거나 그저 포기하고 싶다. 바로 그러할 때, 프랙티스가 우리를 구해준다. 그 패턴은 믿을 수 있기 때문이다. 그리고 그 순간 우리가 할 수 있는 다음 스텝은 그것뿐이기도 하다.

# 세상에서 가장 긴 다리를 만드는 법

중국의 단양-쿤산 대교는 세계에서 가장 긴 철교로, 그 길이가 164km에 달한다. 한편, 보시뎅 대교 또한 길기로 유명한데 그 길이는 겨우 518m 정도로 단양-쿤산 대교에 비교하면 약 1/500 수준이다. 두 다리 사이에는 어떤 차이점이 있을까?

보시뎅 대교는 세계에서 가장 긴 단일 지간支間 다리이다. 다만 위치한 곳의 강물이 너무 깊어 지지점을 더할 수 없었기에, 한번에 강을 가로지르도록 세워야 했다. 반면, 단양-쿤산 대교에는 수천 개의 지간이 있다. 하나가 아닌, 여러 다리가 연이어진 셈이다.

성공한 창작자의 경력은 모두 이와 비슷한 프랙티스에서 비롯된다. 작은 다리가 이어져 하나의 큰 다리가 되는 것처럼 실천 습관의 패턴 또한 그렇다. 물론 각 다리를 세울 때마다 대부분의 사람은 자기 뜻을 꺾을 만큼 커다란 두려움을 느낀다. 그렇더라도 한순간의 기적이 아닌 습관을 들이는 데 필요한 일련의 단계를 거치는 노력이 필요하다.

Chapter 2

# 이타적으로 행동하라
## Generous

# 그저 조용히 따를 것인가?

그러나 나는 당신이 그렇게 하지 않기를 바란다.

세상을 지배하고 있는 산업 시스템은 프랙티스가 마치 탤런트나 마법인 양 잘못 표현하고 있다. 그 시스템은 우리가 조용히 있기를 바란다. 그래서 "자신을 불충분하다고 여기고, 체제를 따르며 손뼉 치는 모임에 가입하세요."라고 말한다.

우리는 주변이 시끄러워지는 것, 선택지가 많아지는 것, 이런저런 권유가 느는 것을 바라지 않는다. 그러나 이런 소음은 우리 주변 곳곳에 있다. 평범한 광경 속에 흘러가는 사람들의 의미 없는 재잘거림이거나 무언가 원하는 바가 있는 사람이 야단법석 떠는 소리가 더해진 것이다. 이렇게 우리가 사는 세상에는 소음이 많지만, 사람들 사이의 의미 있는 연결고리나 이끄는 힘은 부족하다.

사회에 이바지할 작품, 바로 우리가 기다리고 있는 그 작품이 필요하다.

# 우리가 존재하는 이유

판매(selling) 일은 이기적인 행동으로 보이기도 한다. 우리는 사람들을 괴롭게 하는 일은 피하려고 애쓰는데, 그것은 누군가를 조종하게 될까 봐 두려운 마음에서다. 여기 내가 다른 사람을 조종하고 있는지 확인할 간단한 방법이 있다. 이미 내가 알고 있는 어떤 사실을 지인들이 발견했을 때, 그것을 내 도움으로 알게 됐다는 점에서 기뻐하는지, 그것만 생각해보면 된다.

예술가에게는 더 좋은 무언가를 만들어서 세상에 이바지할 기회가 있다. 위하고 싶은 사람들을 위해 작품을 만들어 보여주는 것이다. 그런 작품은 우리 본성에서 더 좋은 부분을 찾을 수 있도록 도와줄 뿐 아니라 사람들을 서로 연결한다.

기업가는 제품을 더 저렴하고 빠른 속도로 만들려고 한다. 그러나 내면의 소리에 귀 기울이는 사람이라면 그 이상의 것을 포함해 사람들을 도우려고 한다. 우리는 시키는 대로 하는 기계가 아니다. 우리가 존재하는 건 사람들을 돕고 이끌기 위해서이다.

## 누구나 마음속 목소리를 가지고 있다

사람들의 비판을 피할 한 가지 방법은 그들과 한목소리를 내는 것이다. 어떤 사람이 말한 요점을 따라 말하거나 전에 들었던 말을 메아리처럼 반복하며 몸을 숨기는 것이다. 산업 사회는 우리가 원자재 공장에서 돌아가는 톱니바퀴의 톱니처럼 쉽게 대체할 수 있는 존재이길 바란다.

하지만 누구나 마음속 목소리를 가지고 있다. 그리고 그 것은 모두 다르다. 사람마다 경험과 꿈, 공포의 대상이 다르다. 물론 내 목소리를 내었는데도 일이 잘되지 않을 수 있다. 그러 나 그 소리조차 내지 않고 담아둔다면, 결국 독이 되고 말 것 이다.

# 자신을 갉아먹는 것

우리가 목소리를 마음속에 담아두는 이유는 자신의 통찰력과 선한 마음을 아끼지 않으면 사라질 거라고 생각하기 때문이다. 자신이 충만한 사람이 아닐지 모른다는 생각 때문에 숨어버리는 것이다. 그러나 이런 행동은 우리에게 의지하는 사람, 우리의 도움이 가장 필요한 사람들을 멀리하는 것이다.

다시는 이런 좋은 아이디어가 떠오르지 않을 것 같다고 생각했지만, 막상 그 아이디어를 사람들과 공유하기가 망설여진다. 아이디어를 뺏기면 어쩌나 걱정되기 때문이다. 그런데 이런 식의 마음가짐으로는 더욱 부족해질 뿐이다. 나를 응원하고, 더 많은 아이디어를 낼 수 있도록 지원해주는 사람들에게서 나를 떼어내는 일이기 때문이다.

창의성이란 사람들과 공유할수록 더욱 커지는 것이란 걸 깨달아야 한다. 각자의 최고 작품을 나누면 더욱 좋은 작품을 만들 수 있다. 풍부함은 배로 늘고, 부족함은 줄어든다. 활발히 나누는 문화는 혼자만의 능력 그 이상을 가능하게 한다.

자신의 목소리를 믿지 못하거나 아직 목소리를 찾지 못했다면 침묵을 합리화하기 쉽다. 게다가 거절당할 바에 목소리를 내지 않는 편이 낫다고 생각하게 된다. 이건 자신을 갉아먹는 행위이다. 결국, 나는 부족하다는 생각에 이기적인 사람이 되고, 다른 사람 또한 믿지 못하게 되는 것이다.

# 036

# 20센트와 축구공

케냐의 사회적 기업가이자 작가인 케네디 오데드는 케냐 빈민
가인 키베라의 처참한 가난 속에 자랐다. 2004년 그는 시간과
열정 외에는 아무것도 투자할 게 없는 상태로 키베라의 청소년
을 돕기 위한 비영리단체 SHOFCO를 설립했다.°

시작은 축구팀을 조직하는 일이었다. 그러고 나서 나눔에
초점을 두는 조직으로 성장해갔다. 이제 SHOFCO는 케냐 전
역의 가난한 지역에 병원, 깨끗한 물, 공중화장실, 그리고 기타
서비스를 무료로 제공한다. 케네디 오데드는 일련의 과제 혹은
해야 할 일이 있어서가 아니라 도울 수 있었기 때문에 도운 것
이었다.

그는 아프리카에서도 가장 큰 슬럼가에서 자랐다. 우리
중 대다수는 짐작으로만 가늠한 환경이다. 내 자아에만 초점을

---

° 케네디 오데드는 축구공을 사기 위해 20센트를 모으고, 축구를 함께할 키브라의 아이들을
모집하는 것부터 시작했다.

맞추기 쉬운 환경이다. 내 급한 사정, 내 할 일, 내게 필요한 것. 하지만 케네디 오데드는 다른 선택을 했다. 자신에게 초점을 맞추는 대신 세상에 초점을 맞춘 것이다.

병균이 득실대는 물을 식수로 사용하는 마을에 살고 있다고 가정해보자. 그리고 당신은 정수하는 방법을 찾았다. 그렇다면 당신은 그 방법을 무료로 마을 사람들과 공유할 것인가? (이기적인 생각이지만) 그렇게 하는 건 공평하지 않다고 여기게 된다.

하지만 마을 전체가 깨끗한 물을 사용한다면, 마을의 생산성은 훨씬 높아질 것이다. 그 덕분에 마을 주민 모두의 생활 수준 또한 높아진다. 더 많은 먹거리를 생산할 수 있고, 건강하고 안전하게 살 수 있다. 경제적인 벌이와 상관없이, 마을 주민들이 느끼는 기쁨은 배가 되어 돌아온다. 문화 또한 마찬가지다. 사람들이 아이디어를 공유하고, 그것이 널리 퍼진다면 살기 좋은 세상이 되는 것이다.

# 037

## 피타고라스와 5번째 망치

고대 그리스 철학자 피타고라스는 종종 세상의 이치에 혼란을 느끼는 수학자들의 무리를 이끌곤 했다. 그들은 만물이 기능하는 법을 이해하는 데 핵심이 되는 건 원래 소리보다 큰 진동수를 가진 소리인 오버톤(overtones)이라고 생각했다. 피타고라스 학파의 주요 작업은 우주의 비밀을 풀기 위해 사물을 기본 구성요소로 나누는 법을 연구하는 일이었다.

하루는 피타고라스가 어떤 이론에 막혀 끙끙거리다 머리를 식히기 위해 산책에 나섰다. 길을 걷던 중 대장간 일꾼 앞을 지나다 5명의 대장장이가 함께 망치를 두드리는 소리를 듣게 되었다. 그들이 리듬에 맞춰 망치를 두드리자 쾅쾅 하는 소리가 아름다운 음을 만들어냈다. 5개의 망치 소리는 조화를 이루었고, 마치 노랫소리 같았다. 피타고라스는 곧장 가게로 들어가 그들의 망치를 들고 나왔다. 소리의 조화를 알아보고 싶었고, 어쩌면 헤매고 있던 이론의 비밀을 풀어줄지도 모른다고 생각했다.

　그 후 몇 주 동안 피타고라스는 각 망치를 이리저리 측정했다. 왜 망치가 정확히 똑같은 소리를 내지 않는지, 무엇보다 5개 망치를 동시에 두드리면 왜 그토록 아름다운 소리가 되는지 궁금했다. 피타고라스의 노력 끝에, 망치 4개의 무게 비율이 울림소리를 조화롭게 만든다는 것을 알아냈다. 각 망치는 다른 망치의 배수에 해당하는 무게를 지니고 있었다.

　내가 가장 흥미로웠던 것은 그 어떤 조화의 규칙도 따르지 않던 5번째 망치였다. 5번째 망치는 논리에 맞지 않았다. 나머지 4개 망치가 보이는 규칙에 따르지 않았고, 규칙 면에서 보면 무시해도 될 존재였다.

　오랜 세월, 다른 학자들이 그러했듯 피타고라스도 (생각하기 성가신 데다 규칙에 들어맞지 않는 자료인) 5번째 망치는 무시한 채, 처음 4개의 망치를 연구한 결과만 발표했다. 그러나 들어맞지 않다고 생각했던 그 5번째 망치야말로 전체 망치 소리의 비밀이라는 게 밝혀졌다. 5번째 망치가 그런 일을 할 수 있었던 건 바로 완벽하지 않아서였고, 화음 체계에 도드라지는 소리로 진폭이 더욱 증가했기 때문이었다. 그 망치가 없었다면 나머지 망치들이 내는 소리는 조화를 이루지 못했을 것이다. 5번째 망치의 힘은 증명되지도, 분명하지도, 격려받지도 못하는 것이었다.

　　우리가 5번째 망치와 같이 되려면 어떻게 해야 할까? 프랙티스를 선택하고, 자신이 무언가를 만들어낼 수 있는 존재라고 믿으면 되는 것이다.

## 완벽한 내일은 없다

아직 다가오지 않은 미래에 관해 생각하는 건 현대 사회를 살아가는 우리들에게 고통이다. 우리는 내일 역시 바라는 대로 일이 되지 않을 거라고, 과거에 대한 후회로 가득 차 있을 거라고 상상하며 시간을 보낸다. 어떤 일이 가능한지 예상할 수 있고 상황을 좋게 만들 기회가 있다는 것도 알지만, 우리는 망설인다.

더 나은 미래는 한 발짝 더 멀어지는 것 같고, 그렇게 시간이 흐르는 모습을 후회스러운 마음으로 바라보는 자신을 발견하면 덧없다는 생각이 든다. 세상에 전염병이 퍼져 있을 때만 그런 게 아니다. 모든 통로는 닫혀 있는 것 같고, 바라던 완벽한 내일은 오지 않을 것 같다.

우리가 바라는 모습의 내일을 보장하기 위해 할 수 있는 일은 아무것도 없다. 가능성에 등을 돌리고, 그저 흘러가는 대로 몸을 맡기는 게 더 쉬울지 모른다.

다만 더 나은 미래로 가고 싶다면, 당당하게 설 수 있는 기반을 닦을 방법을 찾으면 된다. 기회를 잡기로, 목소리를 높이기로, 사회에 이바지하기로 마음먹는 것이다.

## 039

## 바람에 맞서 나아간다는 것

인생을 사는 가장 쉬운 방법은 그냥 지나가도록 두는 것이다. 불어오는 바람에 몸을 맡긴 채 함께 가면 된다. 이렇게 살면 애써 노력하지 않아도 된다. 의도를 가지고 움직이는 게 아니기 때문이다. 아마 주어진 일만 하면서 그럭저럭 살아가게 된다.

배는 사방으로 나아갈 수 있지만, 바람과 같은 방향으로 갈 때 움직이는 속도가 가장 느리다. 그건 돛이 (공기 저항을 크게 하는) 낙하산 역할을 하기 때문이다. 즉, 배는 뒤에서 부는 바람의 속도보다 더 빠르게 나아갈 수 없다는 뜻이다.

민들레는 바람의 방향에 따라 씨앗을 실어 퍼뜨리지만, 큰 충격을 만들지는 않는다. 하지만 배는 다르다. 배는 바람을 가르는 데 최적화되어 있다. 배가 가장 빠른 속도로 항해할 수 있는 방향은 바람의 수직 방향이나 심지어 맞서는 방향으로 나아갈 때이다.

작품을 만들 때 역시 이렇게 할 수 있다. 일하면서 나아갈 방향과 항해 스킬을 찾는 것이다. 점점 능숙하게 일할 수 있도록 이끄는 과정을 믿고 나아가면 된다.

우리는 변화를 추구할 때 세상을 바꿀 수 있다. 그것은 쉬워서가 아니라 중요하기 때문에 하는 것이다. 이것이야말로 프랙티스의 전부다.

# 040

# 프랙티스는 불편함을 만드는 것

예술은 편안함을 추구하지 않는다. 변화를 만들고 그 변화는 긴장을 불러온다. 배움도 마찬가지다. 진정한 배움(교육과는 반대다)은 긴장과 불편(스킬을 익히는 동안 계속 느껴지는 무능한 기분)을 감수하는 자발적인 경험을 통해 이뤄진다.

프랙티스를 따르려면 당신이 이끌고, 위하며, 가르치는 사람들에게 일시적인 불편함을 줘야 할 뿐 아니라 당신 자신도 잘 알지 못하는 영역에 들어가서 느끼는 거북함을 감내해야 한다. 예술가는 적극적으로 관객(audience)에게 불편함을 유도한다. 이 기분은 사람들의 주의를 끌고, 긴장을 늦출 수 없게 하며, 호기심을 자아낸다.

변화가 일어나기 전에는 누구나 불편을 느낀다. 이 감정을 이용해 사람들을 관대°하는 새로운 방법(사람들을 새로운 곳

---

◦  hospitality. 친절하게 대하거나 정성껏 대접한다는 의미로 관대, 환대 등으로 해석할 수 있다.

으로 이끌어 변화하도록 돕는 일) 역시 당신을 괴롭게 할 수 있다. 그렇게 하지 않고 그저 상대방이 원하는 대로 묻고 답한다면, 더 쉽고 편하게 느껴질 것이다.

그러나 오직 편안함만 주는 건 예술가와 리더가 할 일이 아니다. 그렇게 된다면 결국 사람들에게 미치는 영향력은 줄고, 그건 사람들을 친절하게 대하는 게 아닌 셈이 된다.

프랙티스는 자신이 하는 일에 공감하며 변화를 위한 여정에 있다는 걸 깨닫는 일이다. 더불어 불편함을 만드는 것이다. 이것은 사람들(관객)을 위해서, 그리고 우리 자신을 위해서이다. 그런 불편함은 언제든 만들어도 좋다.

# 041

# 고유함에 대하여

문제 속에 답이 있다. 해결책이 없는 문제는 문제가 아니다. 그건 그저 상황일 뿐이다.

우리는 종종 생각지 못한 대안에서 답을 발견하곤 하는데, 분명한 출처를 가진 것이 있었다면 이미 문제는 해결되었을 것이다. 그보다는 불가능해 보이던 접근법(다양성에서 오는 이상한 조합)으로 다가갔을 때 종종 길이 열리곤 한다.

다양성에는 인종적 특성이나 물리적 능력이 포함된다. 그뿐 아니라 색다른 접근법과 경험상의 차이도 여기에 포함된다. 이상하게 보이는 사람들이 모이면 새로운 일이 벌어진다. 작가 스콧 페이지가 이야기한 것처럼 체제가 복잡해질수록 다양성은 그 어느 때보다 많은 이점을 가져온다.

누구나 각자의 방식에 고유한(peculiar) 특징이 있다. 고유하다는 건 선택이다. 일에 나만의 경험과 관점을 반영할 기회이다. 우리는 오랫동안 나만의 목소리를 감추거나 가지지 않은 척

하도록 훈련받았다. 우리를 둘러싼 체제가 그렇게 하도록 떠밀었기 때문이다. 이런 압력이 너무 거세기 때문에 '남다르다'라는 소리를 듣는 걸 부끄럽게 여기는 사람들도 있다. **특유의 무언가를 가졌다는 의미인데** 말이다. 하지만 그 어느 때보다 빠르게 변하는 세상 속에서 사람들이 당신에게 필요로 하는 건 바로 그 고유함이다.

## 042

# 줄리아 로버츠가 감기에 걸렸다면

당신은 넷플릭스에서 방영 예정인 새로운 시리즈의 책임 프로듀서이다. 그런데 출연하기로 한 스타 배우가 건강상의 이유로 촬영 스케줄을 맞출 수 없게 되었다고 통보해왔다. 작품은 개혁을 추구하는 변호사와 한부모 가정에 관한 이야기로, 아주 좋은 역할이다. 지금 주인공으로 낙점한 배우가 출연을 못해 당신은 곤경에 처했고, 대신할 배우를 찾아야 한다.

제작사에서는 하루 안에 문제를 해결하라고 닦달했다. 제작사에서 원하는 배우의 조건으로는 아카데미상 후보에 오른 적이 있거나 골든 글로브상을 수상했거나, 박스오피스 기준으로 40억 달러 이상의 흥행작에 출연한 경험이 있을 것 등이다. 서둘러 후보 목록을 작성해본다. 연락해볼 만한 스타 배우 5~6명을 추리면 누가 있을까?

이런 문제를 마주하면 대부분 사람은 스칼렛 요한슨이나 기네스 팰트로° 같은 배우는 추천하지 않을 것이다. 두 배우 모두 제작사의 요구 조건에 걸맞더라도 말이다. 왜냐하면 이 배우들은 특이함과 고유함을 피하려는 우리의 본능에 맞지 않기 때문이다.

사람들은 '일반적인 것'을 기본으로 삼으라는 압력을 받는다. 그렇게 한다고 문제가 해결되는 것도 아닌데 말이다. 심지어 그게 공평하지 않을 때조차 그렇게 한다. 지배적인 기준에 맞추려는 본능 때문에 우리는 남들 눈에 띄기보다는 체제에 맞춰 살아가려 한다. 이것은 남들과 달라진다는 것에 대한 공포를 증폭시키고, 종국에는 우리가 사회에 이바지할 수 있는 부분까지 줄어들게 만든다.

○ 할리우드에서 개성이 강한 배우로 유명한 이들이다.

## "여기, 내가 이것을 해냈어!"

'내가'는 나와 당신 그리고 우리를 의미하는 것으로 다른 사람을 도우려는 사람들이다. 이건 사람이 하는 일로, 우리와 우리가 제시하는 대상을 직접 연계할 수 있다. '해냈어'라고 하는 건 노력과 독창성, 스킬이 필요한 일이기 때문이다.

'이것'은 두루뭉술한 개념이 아니다. 구체적이고 유한한 것이다. 예전에는 존재하지 않았지만 지금은 존재하는 것, 일반적인 게 아니라 고유한 것이다. '여기'라고 한 것은 아이디어가 탤런트이자 사람과 사람을 이어주는 연결고리이기 때문이다.

이상의 네 단어에는 다른 사람을 위해 베푸는 마음, 의도, 위험요소, 친밀함이 포함되어 있다. "여기, 내가 이것을 해냈어!"라는 말을 많이 할수록, 진심을 담아 실행할수록 더 많은 작품과 사람들을 연결할 수 있다. 그리고 이 말처럼 하면 마침내 변화를 만드는 일이 우리의 직업이 된다.

# 모든 걸음이 소중하다

변화를 일으키는 일은 생각보다 간단하다.

시간은 눈 깜짝할 사이에 흐르고, 오늘이라는 시간은 단한 번밖에 주어지지 않는다. 변화를 만드는 일을 책임지는 담당자는 나 자신이다. 여기에 더욱 집중해 성공적으로 변화를 가져올 3가지 방법이 있다.

첫째, 나 자신은 프로세스를 믿으며, 가로막혀 있던 곳에서 빠져나올 수 있을 만큼 충분히 프랙티스를 반복할 수 있는 사람이라는 사실을 받아들인다. 둘째, 모두가 아닌 소수의 사람에게 집중한다. 마지막 셋째, 하는 일에 의도를 지닌다. 변화에 이르는 한 걸음, 한 걸음이 중요하도록 말이다.

우리가 가는 길이 잘 닦인 도로는 아닐 테지만, 어느 곳으로 향하든 모든 걸음을 소중히 여기는 것이 중요하다.

## 045

# 계속 숨다 보면 결국

숨으면 편하다. 계속 숨다 보면 결국 1천 번의 작은 종말을 맞이하는 고통으로 이어진다는 사실만 빼면, 숨어 지내며 인생이 저절로 흘러가도록 두는 것도 편히 사는 방법이다. 하지만 당신이 변화를 추구한다면 숨어 지내는 길은 선택할 수 없다.

스탠드업 코미디는 가장 무방비한 대중오락이다. 사람 1명, 마이크 1개뿐. 무대 의상조차 없다. 대본이나 조명, 밴드 탓을 할 수도 없다. 그저 코미디언 한 사람이 관객에게 이야기를 들려주는 것뿐이다.

관객을 웃기는 데 실패해도, 코미디언은 숨을 곳이 없다. 스탠드업 코미디가 인기를 끄는 이유 중 하나다. 물론 이런 고된 상황을 견디지 않고도 사람들에게 영향을 줄 방법들이 있다. 각각을 활용하려면 숨지 않을 방안을 모색해야 한다. "여기, 내가 이것을 해냈어요!"라고 말하기 위해서이다. 자신이 만든 작품을 사회에 선보일 수 있을 만큼 스스로에 대한 믿음을 가지기 위해서이다.

물론 잘 안 될 수도 있다. 과정에는 그런 가능성까지 포함되어 있다. 그렇지만 우리는 과정을 따라야 한다. 그리고 반복해야 한다. 충분히 관심을 쏟는다면, 그 가치를 느낄 수 있을 것이다.

# 046

# 모든 요구에 답할 필요는 없다

SF소설 작가 저스틴 머스크는 베푸는 마음으로 "아니요."라고 거절하기 위해서는 "좋아요."라고 말할 만한 것이 필요하다고 말한다. 프랙티스에 쏟는 노력이 "좋아요."라는 대답의 원천이 되기 때문이다.

세상 사람들은 그들의 요구가 수락될 것이라고 기대한다. 업무 기한, 점심 약속, 새로운 프로젝트, 심지어 호의를 베풀어 달라는 요구에도 "좋아요."라는 답을 기대한다. 그저 사소한 부탁일 뿐이라고 생각하기 때문이다. 하지만 문제는 명백하다. 온종일 공을 뒤로 보내기만 하면 서브를 넣을 수 없다. 부탁 받은 일에 응하는 게 일과가 된다. 사회를 위해 나만이 이바지할 수 있는 일을 할 시간에 말이다.

이메일에 성실하게 회신하는 것 역시 "좋아요."에 해당하는 일이다. 수신함을 깨끗이 비워두는 습관은 으쓱해 할 만한 일이긴 하지만, 사람을 지치게 한다. 답을 해야 하는 일의 형태가 모두 그렇듯 사람들은 느린 것보다는 빠른 답신을 좋아하고, 급한 일부터 먼저 처리해야 한다고 믿는다. 그리고 메일에 답한다는 핑계로 할 일을 미룰 (달콤한) 거부권도 생긴다. 그다지 많은 일을 하지 않고도 한두 시간 정도를 흘려보낼 수 있기 때문이다.

수신함에 들어온 메일이 광고일 수도, 일정을 조정해야 하는 일일 수도 있다. 다음 프로젝트를 짜는 일일 수도 있고, 시누이를 상대해야 하는 일일 수도 있다. 당신이 해주었으면 하고 다른 사람이 바라는 일은 늘 이렇게 길게 늘어서 있다. 그리고 우리는 이런 목록들을 분류하고 처리하는 데 생각보다 많은 시간을 소비한다.

나는 강연을 하거나 새로운 일에 깊이 빠져 있는 중에는 이메일에 답하는 경우가 거의 없다. 왜냐하면 그런 순간에 나는 기업가 데렉 시버스가 말하는 '대박 좋은' 일에 매달려 있기 때문이다.

급하다는 이유로 "좋아요."라고 응답하는 게 다른 사람을 위한 일일까? 사람들을 위한다는 건 우리가 만들려는 변화에 집중하는 길을 택한다는 뜻이다. 이러한 가운데 선택적으로 우선순위를 정하는 일을 하려면 책임감과 취약성이 있어야 한다.

그리고 일의 과정을 따라야 한다. 주변 사람들을 기쁘게 하려고 아무런 경중 없이 모든 일에 "좋아요."라고 답하는 건 진짜 해야 할 일을 하기 위한 노력을 가로막는 행위이다. 우리가 간절하게 찾고 있는 사람들 사이의 연결고리를 끊어버리는 일이기도 하다.

나만의 어젠다를 세웠다면 실행을 주도해야 한다. 단 그 책임은 당신 자신에게 있다. 숨어버린 데 대한 변명이나 이유를 늘어놓지 않아야 한다.

반면 자신에게 집중하면 이기적으로 행동하기 쉽다. "아니요."라는 말을 너무 자주 하면 자기가 최고라는 자기우월증의 한 형태인 유아론°에 빠지게 되고, 그건 우리가 벗어나려 했던 이기적인 모습과 똑같아지는 꼴이 된다. 균형은 무너지고 무조건적인 자기 신뢰를 내세우는 건 나를 숨기는 또 다른 방법이 된다.

반면 거절이 습관이 되어 늘 거절 뒤에 숨어버리면 애초에 당신이 위하려 했던 바로 그 사람들과의 관계가 끊어진다. 게다가 거절이 편해지면 실제로 일한 바를 세상에 내놓지 못한

---

° solipsism. 실재하는 것은 자아뿐이고, 다른 모든 것은 자아의 관념이거나 현상에 지나지 아니한다는 입장.

다. 왜냐하면 당신의 일을 세상에 선보인다는 건 "좋아요."라는 대답과 함께 세상 사람들 앞에 다시 모습을 드러내는 일이기 때문이다. 우리가 단기적으로 사람들을 불편하게 하며 애쓰는 건 나중에 그들을 반갑게 맞이하기 위해서이다.

만일 당신이 결과에 초점을 맞춘다면, 당신 안의 믿음이 안주하려 한다면, 당신이 해낸 일을 세상에 선보일 수 있을지 걱정스러워진다. 그러니 언제나 "좋아요."라고 답하며 자기도취에 빠져 지내는 게 더 쉬울 수도 있다. 아니면 언제나 "아니요." 라며 거절하거나 말이다.

하지만 그렇게 굴복하면 다른 사람을 위해 할 수 있는 가장 큰 일을 희생시켜야 한다(정말 두려운 일이다). 세상에 모습을 드러내 내가 만든 작품을 선보일 수 있다는 자기 믿음을 버려야 할지도 모른다. 그것이야말로 올바른 이유로 올바른 사람에게 전해야 할 올바른 일인데 말이다.

# 047

# 안심하는 것은 아무 소용 없다

"마음을 편히 갖는 건 도움이 되지 않는다."라는 말보다 마음을 더 무겁게 하는 건 없다. 하지만 일단 프랙티스를 받아들이고 나면, 이 말이 사실이라는 걸 알게 될 것이다.

"모든 일이 다 잘될 거야."라는 말은 사실이 아니다. 그럴 순 없다. 우리가 아이들을 달래 안정°시키는 건 그들의 경험이 충분하지 않고, 앞으로 어떤 일이 생길지 모르기 때문이다. 그리고 우리가 아이들을 보호할 수 있다는 어느 정도의 확신이 있기 때문이기도 하다.

하지만 우리가 변화를 일으키려 할 때 우리 자신을 편안하게 하는 일은 전혀 도움이 되지 않는다. 잘되지 않을지도 모르는 일을 하다가, 정말 말 그대로 잘 안 될 수 있기 때문이다.

걱정을 떨치면 마음이 차분해지지만, 그건 결코 오래 가지 않는다. 잘되지 않는다는 말을 들으면 차분했던 마음은 요동

---

❍  reassurance. 마음을 편하게 가지는 것으로 안심, 안주, 방심 등으로 해석할 수 있다.

치기 시작한다. 프랙티스에 더욱 전념하는 것만큼 안정을 찾을 방법은 없다. 실행이 이끄는 길로 나아갈 자신을 믿는 수밖에 없다.

마음을 편히 갖는 행위는 단순히 어떤 결과물에 관해 좋은 기분이 들도록 단기적인 노력을 하는 것에 불과하다. 그래봤자 결과에 연연하는 마음만 점점 커진다. 이러한 마음가짐은 타인을 위하는 마음으로 프랙티스를 추구하던 방법에서 어떻게 하면 확실히 성공할 수 있을지 궁리하는 쪽으로 관심을 돌린다. 마음을 편히 가지려는 건 확실함을 찾는 사람들에게는 도움이 되지만, 예술가에게는 필요하지 않다.

희망을 품는 것과 마음을 편하게 갖는 것은 다르다. 희망은 자신에게 더 좋은 세상을 만들 가능성이 있다고 스스로 믿는 것이다. 걱정이 있어도 희망을 품을 수 있다. 그리고 지금 하는 일이 잘되지 않을 수 있다는 사실을 받아들이면서도 희망을 가질 수 있다.

## 048

# 결과물을 일의 연료로 삼으면

한족의 한 갈래인 호키엔족 말로 **키아수**(Kiasu)는 뒤처질지 모른다는 두려움 혹은 충분히 얻지 못할지 모른다는 두려움을 뜻한다. 이 단어는 싱가포르에서 유래된 것으로, 전 세계 어디서나 사람들이 흔히 하는 생각이다. 고립공포감보다 훨씬 강력한 두려움으로, 스스로를 늘 부족하다고 생각하며, 이것을 삶의 원동력으로 삼는다.

사회는 사람들을 지시에 따르게 하려고 자꾸 부족하다는 느낌을 들게 한다. 품절이 되기 전에 소비자가 물건을 더 많이 사도록 만들고, 다른 사람에게 일자리를 내주지 않도록 더 열심히 일하게 만들며 두려움 속에 살게 한다. 그래서 패닉바잉 현상으로 물건을 집에 쌓아두는 일도 일어난다. 부족하다는 느낌을 자꾸 주는 건 학생들에게 동기를 부여하거나 군중이 스스로 움직이도록 조종할 때도 효과적인 방법이다.

물론, 키아수는 실제적인 두려움과 부족함에 관한 표현이다. 하지만 우리가 나아가려는 방향으로 난 길을 이미 걷고 있다는 걸 인지하고 있을 만큼 스스로를 믿고 있다면, 존재하지 않을 표현이다. 통제할 수 없는 결과물을 일의 연료로 삼으면 번아웃을 피할 수 없다. 그런 연료는 다시 채울 수 없을뿐더러, 제대로 타지도 않기 때문이다.

## 049

# 감정의 희생양

1인치는 언제나 1인치라는 길이를 의미한다. 절대적이고, 쉽게 측정할 수 있으며 사람들이 하나의 단위로 사용한다.

우리의 감정도 절대적이었으면 하는 생각이 들 때가 있다. 입증할 수 있고, 대체할 수 있으며, 실체가 있어 확인할 수 있으면 좋겠다. 한 예로 자신감은 사람마다 느끼는 정도가 다르다. 자신감은 하나의 감정으로, 측정하기도 통제하기도 어렵다. 안주하려는 태도가 도움이 되지 않는 이유도 그게 도리어 감정을 키우는 일이며, 그렇게 하더라도 주어진 순간에 따라 작품을 만들거나 만들지 않을 수도 있기 때문이다. 우리는 감정의 피해자가 될 필요는 없다. 감정이 저절로 찾아왔다 떠나가도록 둘 필요도 없다. 대신 필요한 감정이 생기도록 유도하는 행동을 취할 수는 있다.

영화배우 글렌 클로즈는 아카데미상 후보에 8번이나 올랐다. 하지만 단 한 번도 수상하진 못했다. 만일 그녀가 오스카상을 받는 데만 초점을 두고 연기했다면 그녀가 쌓아 올린 작품을 절대 완성하지 못했을 것이다. 그렇다면 글렌 클로즈는 실패한 배우일까? 그녀의 연기 경력은 쓸데없는 것일까? 연기상을 받지 못했다고 해서 그녀의 작품에 어떤 문제라도 생기는 걸까? 만일 그녀가 스스로 통제할 수 없는 투표 결과를 바탕으로 연기를 계속할지 말지 고민했다면 어떠했을까? 부정확한 자료를 근거로 결정을 내렸을 것이다.

프랙티스는 선택의 문제이다. 그리고 우리가 훈련을 통해 **항상** 선택할 수 있다. 우리가 자신감에 차 있든 아니든 말이다.

# 050

# 저항심을 물리치는 법

작가 스티븐 프레스필드는《최고의 나를 꺼내라》에서 '저항(resistance)'을 알아채는 법을 알려준다. 저항심은 규정하기 힘든, 교활한 힘으로 사람을 앞으로 나아가지 못하게 막거나 약하게 만드는 감정이다.

저항심은 집요하게 나쁜 결과에만 초점을 둔다. 우리가 마주한 일에 집중하지 못하도록 만들고 싶어 한다. 게다가 같은 이유로 평정심을 촉구한다. 저항심은 종종 자신감을 내세워 지독하리만치 우리를 밀어붙이는데, 그렇게 해서 앞으로 나아가는 걸 막을 심산으로 우리를 약해지도록 만든다. 하지만 우리에게 자신감이 필요 없다면, 그저 프랙티스만 믿고 꾸준히 일을 계속한다면, 저항심은 그 기세를 잃는다.

다른 사람을 돕는 마음을 갖는 건 프랙티스에 전념할 수 있는 가장 직접적인 방법이다. 다른 사람을 위하는 일에 집중하면 저항심을 물리칠 수 있다. 게다가 걱정을 떨칠 수 있는 방법을 찾을 필요가 없다. 우리 뇌에서 지금까지와는 다른 영역이 활성화되고, 우리가 걸어가야 할 의미 있는 방향이 보인다.

우리는 이기적인 사람이 되지 않기를 바란다. 그래서 다른 사람을 위해 하는 일이 이기적인 일이라는 생각이 들면 결국 저항심에 지고 만다. 우리 일은 세상이 더 좋은 곳이 되도록 변화시킬 수 있는 방법을 실행하는 것이다. 그것이 바로 프랙티스의 핵심이다. 당신이 다른 누군가를 위해 더 나은 세상을 만들려 한다면, 지금 하고 있는 그 일은 당신만의 문제가 아니다. 물에 빠진 아이를 구하기 위해, 물에 뛰어드는 일과 같은 것이다.

# 051

# 열쇠수리공의 피드백

열쇠를 못 챙겨 나왔는데 모르고 문을 닫아버렸다. 곧장 열쇠수리공에게 전화를 걸어 도움을 요청했다. 그는 오자마자 마스터키로 문을 열려고 시도한다. 하나씩, 하나씩 열쇠를 넣어본다. 이게 바로, 과정이다. 열쇠수리공이 걸어야 할 건 많지 않다. 그는 자신에게 한정된 개수의 열쇠가 있다는 걸 알고 있으며, 그 중 하나는 맞으리라는 것도 안다. 만일 맞는 게 없더라도, 사무실에 돌아가 다른 마스터키 뭉치를 들고 오면 된다.

　열쇠를 하나씩 집어넣는 데는 그 어떤 감정도 개입되지 않는다. 이 작업이 열쇠수리공 그 자신의 능력을 판단하는 일이라고 생각하지도 않는다. 그저 문이 잠겨 난처해진 손님을 도와주려는 것뿐이다. 각 열쇠로 문을 열고자 시도할 때마다 피드백의 순간이 온다. 이 열쇠가 맞을까, 저 열쇠가 맞을까? 드디어데이터가 쌓였다. 마침내 열쇠수리공은 자물쇠에 맞는 열쇠를찾을 것이다(물론 찾지 못할 수도 있다).

열쇠수리공의 모습은 우리가 상상하는 예술가의 모습과 일치하지는 않는다. 그러나 소프트웨어 엔지니어는 어떨까? 소프트웨어 엔지니어는 코드를 쓰고 명령어를 바꾸며 작동이 잘되는지 확인한다. 코드에 버그가 있어도 개인적인 감정으로 받아들이지 않는다. 버그 역시 또 하나의 데이터일 뿐이다. 버그가 나오면 코드를 바꿔 다시 작업을 반복한다.

이번에는 의사를 생각해보자. 난치병의 환자에게 한 가지 치료법을 쓴다. 성공할 수도, 실패할 수도 있다. 그렇게 시도하는 건 환자를 위해서다. 그러고 나서 다른 치료법, 또 다른 치료법…. 효과가 있는 치료법을 찾을 때까지 계속 시도한다.

극작가도 마찬가지다. 워크숍에서 새로운 극본을 배우들에게 보여준다. 재밌어하는 배우도 있겠지만, 그렇지 않은 배우도 있을 것이다. 다시 말하지만 그건 걱정거리가 아니다. 각본을 쓰기 시작할 때부터 이미 알고 있던 위험요소이기 때문이다. 그러나 안심은 금물이다. 유의미한 피드백을 받아야 할 때다.

타인을 위하는 예술을 하기 위해서는 예술을 누릴 사람을 바꾸어야 한다. 그렇지 않으면 일이 잘되지 않는다. 누릴 사람을 바꾸지 않으면 다른 사람을 위하는 예술을 할 수 없다는 점을 깨닫는 것이야말로 더 나은 창작 활동의 기회가 된다.

# 더 많은 시간, 더 많은 용기

"아직 작동하지 않을 뿐이야."

당신이 진정 필요로 하는 위안의 말은 이것 하나뿐이다.

우리에게는 프랙티스가 있다. 그 효과가 입증되었고, 그래서 우리는 프랙티스를 따르기로 했다.

이제 우리에게 필요한 건 '더 많이'이다. 더 많은 시간, 더 많은 반복, 더 많은 용기, 더 많은 과정, 그리고 더 많은 믿음이다. 훨씬 더 많이 나 자신에게 쏟아부어야 한다. 더 많은 별난 구석과 더 많은 장르, 더 많은 시각과 더 많이 베푸는 마음, 그리고 더 많은 배움이 필요하다. 그래서 아직 작동하지 않을 뿐이다.

# 실패는 또 하나의 방법일 뿐이다

다만 특별히 효과적이지는 않다.

긍정적인 사람은 프랙티스를 즐긴다. 그들은 실패를 예상하며 시간을 낭비하지 않으려고 노력한다. 물론 부정적인 사람도 프랙티스를 따른다. 다만 더 많은 고통을 겪는다.

피할 수 없는 실패에 대비해야 한다는 생각은 솔깃하다. 비관론자가 되면 흐르는 시간에 고통을 흘려보낼 수 있다. 심지어 기대치가 낮으면 나중에 실망할 일도 없다.

하지만 그런 고통이 '기대를 현실화하는' 자기충족 예언으로 작용하는 때가 매우 많다. 비관론자들 또한 실망스러운 일을 피하려고 애쓰지만, 그들은 자발적으로 중요한 일을 세상에 선보이지 못한다. 냉소적인 생각으로 어떻게 다른 사람을 위해 베풀겠다는 결정을 내릴 수 있을까?

프랙티스에 관해 긍정적인 마음으로 임하면 결과는 자연스레 따라온다. 앞서 '실패'라는 단어를 사용했지만, 우리 이야기의 핵심은 아니다. 다른 사람을 위하는 마음으로 세상에 선보인 작품이 사람들을 만족시키지 못했더라도, 연습과 훈련 그 자체가 실패한 것은 아니다.

내가 블로그에 올린 글이 대략 7,500개 정도 되는데, 그중 절반은 인기, 영향력, 화제성, 지속성 등 어떤 기준으로 측정하더라도 다른 글에 비해 조회 수가 평균에 미치지 못한다. 간단히 계산해볼 수 있는 문제다. 프랙티스 역시 그렇다. 실행이 있다면 실패는 그 안에 포함되는 또 하나의 방법일 뿐이다.

냉소주의로 자신의 발목을 잡을 필요는 없다. 대신 다가온 기회를 축복으로 받아들일 수는 있어야 한다. 당신이 그 길을 선택한다면 말이다.

## 054

# 실용적 공감

당신이 아는 것을 사람들은 모르고 있을 수도 있다. 그래서 당신이 믿는 것을 믿지 않을 수도 있고, 당신이 원하는 것을 원치 않을 수도 있다. 그러나 그래도 괜찮다!

모든 사람에게 알맞게 베푸는 것은 불가능하다. 사람은 저마다 모두 다르기 때문이다. 종종 "당신을 위한 게 아닙니다."라고 말할 수 있어야 하고, 그 말은 진심이어야 한다.

우리가 하는 일은 누군가를 위하고, 누군가를 바꾸며, 무언가를 더 좋아지게 만들려는 것이다. 그래서 많은 사람에게 다가가야 한다는 이유로 이따금 우리가 추구하는 바로 그 변화를 희생시켜야 할 때가 있다.

나는 《마케팅이다》에서 실용적 공감(practical empathy)에 관해 썼다. 이것은 성공한 창작자의 자세로, 이 능력이 있으면 당신은 더 좋은 사람이 될 수 있고, 더 창의적인 생각을 발휘할 수 있다.

당신이 원하는 것과 사람들이 원하는 것이 정확히 일치할 만큼 운이 따르지 않았다면, 당신 자신을 위해 무언가를 만드는 일은 별 도움이 되지 않는다. 물론 장난감을 디자인하기 위해 어린아이가 될 필요도 없고, 종양학자가 되기 위해 병에 걸려야 하는 것도 아니다. 일하는 과정에서 나의 안전을 지키는 건 당연한 소리다. 우리는 필요한 부분에 관해서만 다른 사람의 모습을 살핀다.

그래서 당신이 원하거나 믿는 것과 다른 사람들이 원하거나 믿는 것의 차이를 받아들여야 하는 어려움이 존재한다. 둘은 결코 같을 수 없기 때문이다. 그 차이를 다룰 수 있는 단 한 가지 방법은 당신이 배려하고자 하는 사람이 있는 곳으로 향하는 것뿐이다.

## 055

# 믿지 않는 사람이 있어도 괜찮다

'실용적 공감'의 핵심은 모든 사람에게 감정 이입하지 않도록 해야 한다는 점이다. 예를 들어, 당신이 현대화가라면 고전 정물화를 좋아하는 사람이 가하는 비판을 가볍게 여길 수 있어야 한다. 혹은 당신이 기술 혁신가라면 아직도 VCR을 사용하며 신기술을 받아들이지 못하는 사람이 있더라도 괜찮아야 한다. 왜냐하면 당신이 하는 일이 그들을 위한 것은 아니기 때문이다.

당신의 일을 믿지 않는 사람들이 있더라도 문제없다. 그들은 그저 당신이 가는 길에 관심이 없을 뿐이다. 당신의 작품 장르에 대한 지식이나 시각을 가지고 있지 못할 뿐이다. 이 사실을 받아들이지 못하고 다른 사람의 인정을 받는 데만 연연한다면 일하는 내내 걱정만 늘어난다. 모든 사람이 좋아하고 중요하게 여기는 일을 하는 건 불가능하다. '중요하다'는 의미가 사람마다 다르기 때문이다. 그렇다면 대안은 어떤 게 있을까?

- 지극히 평범한 작품을 만든다. 너무나 보통의 수준이라서 사람들이 싫어할 가치조차 없다고 생각하는 작품이다(이건 사람들이 좋아할 가능성도 거의 없다는 얘기다). 믿을 수 없을 정도로 흔하게 일어나는 경우이며, 헛된 창작품이 되는 주원인이다.
- 오직 나만을 위한 작품을 만든다. 장르나 시장성, 그 어떤 피드백도 무시한다. 종종 유아론을 통해 돌파구를 찾는다. 하지만 다른 사람과 협력하는 사람이 이런 방식을 통해 생산적으로 일하는 모습은 상상하기 어렵다.

그리고 이제 남은 선택지는 자신을 믿는 것이다. 여기에는 2가지 선택권이 있다.

- 누군가에게 정말 중요한 작품을 만든다. 장르를 이해하고, 사람들의 꿈과 희망을 살피며, 그들이 기꺼이 따라올 수 있을 만큼만 멀리 간다. 당신만의 고유한 방식을 선택하는 것이다.
- 잠깐의 참여가 아니라 예술의 여정에 전념하는 길을 택한다. 당신이 만드는 작품 모두가 사람들의 마음을 울

리는 건 불가능하다. 그래도 괜찮다. 위대한 작품이 늘 인기 있는 작품이 되는 것은 아니다. 위대한 작품은 그저 만들 가치가 있는 작품이다.

만일 예술을 하는 여정에 올랐는데도 불꽃이 튀는 때가 거의 없다면 더 용감하게 더 많이 공감하며 해야 할 것이다. 일단 세상을 보는 법을 배우면 작품을 발전시킬 방법도 배울 수 있다. 프랙티스에 전념을 더하면 반드시 영향력이 생긴다. 당신이 마음을 충분히 쏟는다면 말이다.

# 056

## 프로의 일

만일 아무도 당신을 믿지 않는다면, 그 이유는 간단하다. 당신이 당신의 작품을 다른 사람의 시각으로는 보지 않는 것이다. 즉, 작품이 당신의 생각만큼 훌륭하지 않다는 소리다. '훌륭한' 작품을 당신이 위하는 사람의 마음을 감동시키는 것으로 정의한다면 말이다.

그럴 때면 잠시 멈춰 다시 생각해봐야 한다. 오로지 자신만을 위해 예술을 펼치는 건 고결한 일이다. 단, 그것은 한 명의 청중을 위해 작품을 만드는 길을 택하는 셈이다. 하지만 프로가 할 만한 일은 아니다. 자신을 다른 사람에게 내어주지 못했기 때문이다. 자신 외에는 섬기는 사람이 없고, 아이디어는 그저 자기 머릿속에만 맴돈다.

이와 다른 길은 프로가 되어 리더로 일하는 것이다. 창의적인 작품을 세상에 선보이는 길을 택하는 것이다(이것은 누군가를 위해 만들었다는 뜻이다).

이 길을 따르기 위해 전념하는 것은 남을 위해 베푸는 용감하고 이타적인 행위이다. 청중이 나를 분명히 볼 수 있도록, 내가 충분한 용기를 낼 수 있도록, 다른 사람을 위한 작품을 만드는 데 필요한 공감 능력을 발전시킬 수 있도록 나 자신을 벽에 거는 일이다.

## 057

# 둘 다 할 수는 없다

우리는 2가지 일을 한꺼번에 하려는 건지도 모른다. 첫 번째는 바로 당신이 원하는 걸 만드는 일이다. 당신 자신을 위해 말이다. 두 번째는 당신이 변화시키고 싶은 사람들을 위해 무언가를 만드는 일이다.

어느 쪽을 추구하든 **상관없다**. 하지만 양쪽을 **동시에** 추구하는 건 불행해지는 길이다. 왜냐하면 그건 다른 사람에게 내가 원하는 것을 원하고, 내가 보는 것을 봐야 한다고 우기는 일이기 때문이다.

많은 사람이 양쪽을 함께 추구하는 길을 바라본다. 우리의 노력을 생각하면 당연히 그래야 하는 건지도 모른다. 하지만 원한다고 해서 그렇게 될 수 있는 건 아니다.

# 다만 널리 퍼지지 않았을 뿐

미국 소프트웨어 회사였던 제너럴 매직은 미래를 발명했다(그러고 나서 폐업했다). 제너럴 매직 직원들은 1990년대에 사실상 현대 스마트폰의 모든 요소를 고안해냈다. 폼팩터, 인터페이스, 제휴 업체 등 전부를 갖추었다. 그들이 내놓은 첫 모델은 정확히 3,000대 팔렸다. 10년이나 시대를 앞선 탓이었다.

그들은 실패했지만, 덕분에 대중은 스마트폰에 대한 기대를 가질 수 있었다. 제너럴 매직은 하룻밤 만에 세상을 바꾸겠다고 약속하며, 투자자, 언론, 사용자 등 관객들에게 그들의 아이디어를 제시했으나 그건 회사가 유지될 수 없는 방식이었다.

그러나 분명한 것은 제너럴 매직이 진행했던 프로젝트는 SF소설가 윌리엄 깁슨이 말한 것처럼 "미래는 이미 와 있다. 다만 널리 퍼지지 않았을 뿐"이라는 사실을 증명하는 것이었다.

# 품질의 3가지 정의

영어는 대단히 불분명한 언어로, 흔히 쓰는 단어인데도 여러 의미를 가지는 경우가 있다. 그래서 가끔 무슨 이야기를 하는 건지 이해하는 데 어려운 경우도 종종 있다. '품질(quality)'이라는 단어 또한 그중 하나다.

2월의 어느 토요일, 뉴욕 한복판 브로드웨이에서 불과 몇 블록을 사이에 두고 2개의 뮤지컬 공연이 상연되었다. 하나는 신기원을 이룬 전설의 작품 '해밀턴'으로, 이 작품은 3가지 품질을 모두 갖추고 있었고, 다른 하나는 '웨스트 사이드 스토리'의 재공연으로, 2가지 품질을 갖추고 있었다.

품질이라는 단어에 기술적 의미를 붙인 사람은 선구적인 컨설턴트 에드워즈 데밍과 필립 크로스비이다. 그들이 말하는 품질은 자동차 제조에서의 품질을 의미한다. 즉, 품질이 좋다는 건 사양 면에서 기준을 충족한다는 뜻이었다.

1995년산 토요타 코롤라는 1995년산 롤스로이스 실버 쉐 도우보다 품질이 좋았다. 그건 토요타 차에 사용되는 부품의 품질이 더 뛰어났기 때문이다. 토요타 코롤라는 덜컹거리거나 엔진 노킹 소리가 나지 않았고, 수리받을 일도 훨씬 적었다. 이런 품질을 뮤지컬에 빗대어 말한다면, 배우가 대사를 까먹지 않고 연기하며, 무대연출이 극에 잘 어울리는 정도일 것이다.

한편, 품질이 좋다는 표현을 일상적인 언어로 풀이하면 고급스럽다는 의미이다. 이 시각에서 본다면 대부분 사람이 토요타보다 롤스로이스의 차가 더 품질이 좋다고 말할 것이다. 하지만 그건 단지 롤스로이스의 사회적 위치에 대한 묘사로, 차량에 사용된 자재 비용이나 차에서 느껴지는 호화스러움을 일컫는다.

브로드웨이 쇼에서 말하는 품질은 후자에 가깝다. 입장권이 900달러로 영화관 데이트보다 훨씬 돈이 많이 드는 데다 잊지 못할 경험이 될 수 있기 때문이다. 그런데 우리가 여기서 생각해볼 품질은 세 번째 정의와 관련 있다. 바로 창조적마법의 품질이다.

'웨스트 사이드 스토리'의 감독 이보 반 호브는 작품에 엄청난 예산을 투자했다. 출연 배우들 역시 명연기를 보여주었고, 무대 연출도 멋있었다. 그러나 이 작품에는 창조적 마법이 빠

져 있다. 예술의 질을 비교할 순 없겠지만, 앞서 이야기한 3가
지 특성 중 하나만 선택해야 한다면, 마지막 창조적 마법이 가
장 중요한 특성이 될 것이다.

## 060

# 네 번째 행복

① 이게 바로 내가 생각했던 거예요. → 나는 행복하다.

② 이건 특정 집단에서 인정받고, 칭송받는 겁니다.

　　→ 특정 집단의 사람만 행복하다.

③ 이것 덕분에 나는 돈을 많이 벌었어요.

　　→ 나는 내게 중요한 것이 무엇인지 분명히 알고 있다.

④ 이건 정말 인기 있어요. 히트작입니다.

　　→ 나는 대중의 마음을 울렸다.


①번 문장에서 말하는 행복은 무언가 만들기 시작했을 때 보고 싶었던 것을 보는 데서 오는 행복이다. 이것은 반드시 누려야 할 행복이지만, 그 일을 업으로 하는 사람이라면 그 정도로는 충분하지 않을 것이다. 만약 취미로 하는 일이라면 (오직 자신만을 위해 하는 일이라면) 그저 내가 좋으면 그만이다. 하지만 세상에 영향을 주고, 문화를 바꾸고 싶은 사람에게는 더

큰 행복이 필요하다.

②번 문장에서 말하는 행복은 특정 부류에서 작품을 받아들이고 감탄하는 데서 오는 것이다. 그리고 대부분 사람에게는 사실 이 정도 행복으로도 충분하다. 나는 이 행복이 창작 활동의 목표라고 생각한다. 이것은 당신에게 중요한 의미인 사람들로부터 얻는 확실한 행복이다. 이로써 사람들은 자신의 작품을 좋아하는 사람들을 위해 일을 지속할 힘을 얻는다. 나아가 이 행복을 위해 '좀 더'라는 괴물에게 먹이를 주지 않고도 작품을 만들어 갈 수 있다.

〈뉴요커〉에 만화를 연재하는 성공한 만화가나 미국 서부 네바다주 블랙록 사막에서 열리는 버닝 맨 페스티벌에서 공연하는 사람, 아니면 뉴욕 재즈 레이블 블루 노트 레코드에서 정기적으로 음반을 내는 재즈 뮤지션이 발표하는 대부분의 작품은 이러한 행복을 위해 만들어진 것이다.

③번 문장의 행복을 따르려면 일꾼이 되어야 하는 게 아닐까 걱정하며 시간을 보내게 된다. 파일럿 프로그램이나 거대 기업에 자신의 스타트업 아이템을 넘기며 엄청난 돈을 벌었다고 해서, 그 일 자체가 당신이 처음부터 하려고 했던 일이었다는 건 아니다. 하지만 다른 한편으로 생각하면 돈으로 가치가

환산되는 세상이니, 작품으로 돈을 많이 벌었다는 건 당신이 목표를 달성했다는 증거일지 모른다.

마지막으로 네 번째 종류의 행복이 있다. 이 행복 때문에 정말 많은 사람이 프로세스에 집중하지 못한다(말도 안 되게 엄청난 히트작을 만들었기 때문이다). 이러한 작품에는 핵심 관객층을 넘어서 한층 폭넓은 관객층이 생긴다. 베스트셀러 목록에 오른 작품이거나 사려는 사람들이 문밖에 줄을 서는 작품이다(조회 수가 4000만이나 되는 TED 강연 같은 것이다).

이처럼 달성하기 힘든 완벽을 추구하는 건 어려운 과제이다. 일이 원하는 대로 풀리지 않을 것이기 때문이다(도전하는 사람은 많지만, 성공하는 사람은 극소수다). 게다가 실천 습관 대신 결과물에만 초점을 맞추게 된다. 즉, 대부분 경우 사람들의 입소문을 탈 가능성은 적기 때문에 나라도 자랑스럽게 여길 작품을 만드는 게 중요해지는 것이다. 히트작이 되지 못하더라도 말이다.

# 061

## "히트곡이 될 노래가 좋은 노래지."

내 친구 J는 세계에서 제일 장사가 잘되는 음반 레이블을 운영한다. 그곳에서는 수없이 많은 히트곡이 만들어졌다. 나는 J에게 히트곡을 내는 데 있어 가장 어려운 점이 무엇인지 물었다.

그는 잠시도 망설이지 않고 대답했다.

"좋은 노래를 찾는 거야."

내가 다시 물었다.

"어떤 노래가 좋은 노래인데?"

그는 진지한 얼굴로 대답했다.

"히트곡이 될 노래가 좋은 노래지."

음악평론가인 밥 레프세츠는 최근 오스트레일리아의 싱어송라이터 톤즈 앤 아이의 노래 '댄스 멍키(Dance Monkey)'에 관한 글을 썼다. 이 노래는 미국뿐 아니라 수십 개 나라에서 히트를 쳤다. 밥 레프세츠가 쓴 글에는 수십 개의 댓글이 달렸다. 대부분 음반 산업을 이끄는 사람들이 단 것이었다. 레코드 회사의 직무 중 하나인 A&R 전문가, 음반 레이블 책임자, 프로듀서 모두 톤즈 앤 아이가 만든 노래에 대해 자신의 의견을 제시하며 밥의 이야기에 끼어들었다.

그들이 어떤 이야기를 했는지 짐작할 수 있을 것이다. 절반은 노래를 만든 톤즈 앤 아이가 믿을 수 없을 정도의 탤런트를 갖췄으며, 위대한 가수로 기록될 것이라 말했다. 나머지 절반은 그녀의 노래와 노력을 깎아내렸다. 대체로 그들이 속한 사회에서는 그 노래가 히트곡이 아니었던 탓이다.

시장에서 반응하는 작품과 누군가 집중할 가치가 있다고 여기는 작품 사이에는 상당한 차이가 있다. 히트작을 내면 혼란스러워지기 쉽다. 명심해야 할 것은 히트작을 내는 게 당신의 목표는 아니라는 점이다.

## 062

# 그들이 원하는 것을 가져다주어야 한다

아마추어는 종종 자신의 성공 가능성을 걸고 다른 사람에게서 무언가를 가져온다고 생각한다. 다른 사람의 시간, 관심, 그리고 (궁극적으로는) 돈을 말이다. 이는 자동차 딜러가 경험을 통해 우리에게 가르쳐 준 내용이다.

비록 돈을 받고 일한다 하더라도 세일즈는 끔찍하다는 기분을 들게 할 수 있다. 좀도둑질을 하고 있다는 기분도 든다. 매일 종일 말이다.

하지만 세일즈를 누군가의 애로사항을 해결해 줄 기회라고 본다면 어떨까? 당뇨 환자에게 인슐린을 처방하는 의사는 인슐린을 파는 게 아니다. 환자의 목숨을 구하는 것이다. 중고차 딜러 역시 자신의 일을 고객이 불량 중고차를 사는 것을 피할 수 있도록 돕고, 고객의 가족이 안전하게 타고 다닐 차를 소개하는 것이라고 생각한다면 고객을 위한 가치를 만들어내는 것이다.

라디오에서 흘러나올 수 있도록 열심히 노래를 만드는 작곡가는 우리가 전에 들어본 적 없는 노래를 만들고 있으며, 이는 새로운 히트곡을 만들어 다른 사람에게 베푸는 일을 하는 셈이다. 그렇게 세상에 나온 히트곡은 인류의 역사와 문화적 어휘의 일부를 구성하게 된다.

세일즈란 간단히 말해 가능성과 공감이 만나 어우러지는 일이다. 판매가 이루어지려면 내가 돕기로 한 사람들을 관찰해야 하고, 그들이 원하는 것을 가져다주어야 한다. 일단 그들과 관계를 맺으면 우리가 만든 작품에서 어떤 부분이 문제인지 알게 되고, 나아가 그동안 기다려온 (마치 마법을 부린 듯한) 바로 그 작품을 우리가 만들었다는 걸 사람들이 알게 될 것이다.

# 063

# 먼저 나 자신에게 팔 수 있는가?

이보다 사람들이 더 피하려는 직업이 있을까? 세일즈맨조차 통신판매 일을 피하는 데 열심이다. 회계담당자가 회계 장부를 기장하는 일을 피하거나 의사가 환자를 진료하는 일을 피하는 모습은 상상하기 어렵다. 그런데 세일즈는…. 판매자가 (주문 접수와는 달리) 세일즈를 피하려고 하는 것은 당연하다.

세일즈는 변화를 꾀하는 일이다. "한 번도 들어본 적 없습니다."라는 반응을 "아니오."로 바꾸고, 그걸 다시 "네."로 바꾸는 작업이다. 세일즈는 당신이 나타나기 전, 세상이 유지하고 있던 상태를 뒤집는 일이다. 그리고 당신이 만들어낸 변화로 혜택을 볼 사람들을 위한 일이다.

무엇보다 세일즈는 의도치 않게 긴장감을 조성한다. '혹시' 하는 마음이다. '혹시 잘 안 되면 어쩌지…. 그럼 상사에게 뭐라고 보고해야 하지….'처럼 마음을 졸이는 감정이다. 긴장해야 하는 일을 과연 누가 하려고 할까 싶지만, 바로 이런 감정이야말로 창작자로서 **우리**가 함께 어울려야 할 상대이다.

나아가 이것은 우리가 만든 작품을 세상과 공유하기 전에 선보이는 방법이다. 다만 다른 사람에게 작품을 팔기 전, 먼저 나 자신에게 작품을 팔아야 한다. 이것이 바로 그렇게 많은 사람이 자신을 믿어야 한다는 생각을 받아들이기 어려워하는 이유다. 나를 던져 과정에 온 힘을 쏟는 일을 잘하지 못하기 때문이다.

그런데 다른 사람에게 판매하는 법을 배우는 일은 좋은 작품 혹은 그 이상의 작품을 만드는 여정에서 자신을 일에 몰두시키는 법을 배울 수 있는 가장 좋은 방법이다. 세일즈의 본질은 거절당하는 것에, 사람들의 생각이 변하는 모습을 보는 것에, 누군가 제안한 내용이 좋은 거라고 자신을 설득하는 것에 있다. 궁극적으로 세일즈에 성공했다는 건 합류자 목록에 이름을 올리는 일인 것이다.

## **064**

# '우리'가 함께하는 여정

합류(enrollment)란 여정을 함께한다는 것을 인정하는 행위다. 양철 나무꾼은 마법사를 만나러 가는 도로시의 여정에 합류한다.

양철 나무꾼에게는 그만의 어젠다가 있다. 자신이 얻을 보상을 따르고 있으며, 그건 허수아비나 겁쟁이 사자도 마찬가지다. 무리의 구성원은 각자 자신만의 목표를 가지고 있지만, 그들은 같은 여정에 합류했고, 서로가 동의한 역할과 규칙, 그리고 시간의 한계에 따르기로 했다.

일단 사람들이 합류하면 일을 시작할 수 있다. 악기를 연주할 수도 있고, 그림을 그릴 수도 있고, 회사를 이끌 수도 있다. 그러기 전에는 많은 사람을 모으는 일에, 그들을 안정시키는 일에, 그리고 당신이 제시하는 내용이 그들에게 혜택을 준다는 점을 강조하는 일에 모든 시간을 써야 한다.

이렇게 사람들이 합류하고 나면 변화의 중심은 '나'에서 '우리'로 바뀐다. 우리는 함께 오즈의 마법사를 만나러 떠난다.

**우리**는 그 과정에, 그 여정에, 그 공연에 함께한다. 합류한 사람들을 위해 우리가 할 일은 그저 가리키는(point) 것이다. 손짓하면 무리는 그 방향으로 따를 것이다. 그들은 무엇을 위한 손짓인지 알고 있기 때문이다.

그러나 합류하지 않은 사람들에게 우리가 할 수 있는 일은 "죄송합니다. 당신을 위한 게 아닙니다."라는 말밖에 없다.

## **065**

## 모든 사람을 위한 작품이 아니다

'고도를 기다리며'는 내가 제일 좋아하는 연극으로, 극작가 베케트의 최고 걸작이다. 그런데 사람들은 대부분 이 작품을 싫어한다.

그 이유를 생각해보니 연극을 보는 동안 관객들이 가고 싶은 곳으로 데려다주는 작품이 아닌 데다, 그들이 함께하겠다고 등록한 여정도 아니며, 실제로 좋아하는 종류의 연극이라고 생각하지 않기 때문이다(이 작품을 싫어하는 사람이 그렇게나 많은 이유 중 하나는 작품에서 결론이 나지 않기 때문이다).

그렇다면 베케트는 이 작품을 쓰지 말았어야 했다는 뜻일까? 아니면 그저 이 작품은 모든 사람을 위한 작품이 아니라는 뜻일까? 많은 사람이 싫어한다(소수의 사람에게 사랑받는다)는 건 작품이 남다르다는 신호이자 찾아볼 가치가 있는, 이야기할 가치가 있는 작품이라는 신호다.

1956년 '고도를 기다리며'가 브로드웨이에서 초연되었을 때는 '폰더의 마음', '더 리럭턴트 드뷰탄트(The Reluctant Debutante)', '트로일러스와 크레시다(Troilus and Cressid)' 등의 작품과 경쟁했다. 자신이야말로 사람들에게 즐거움을 준다고 생각하는 누군가가 이 작품들을 열성적으로 홍보했다.

대중에 기쁨을 주고 싶다는 바람은 중요한 것을 만들어야 하는 우리의 의무에 방해가 될 뿐이다. 대중은 대중적인 예술, 일반적인 경험, 상호작용의 즐거움을 원한다. 그런데 우리는 이미 대중을 기쁘게 할 많은 것을 가지고 있다. 그리고 시대가 지나 당대의 희곡들이 잊힐 때도 여전히 몇몇 사람들의 뇌리에 남는 작품이 있다. 프랙티스는 그러한 작품을 추구할 것을 요구한다.

# 066

# 물에 빠진 사람처럼

음지에서 살아가는 사람, 뺑소니범, 챙길 수 있을 만큼 챙기는 사람은 언제나 있을 것이다. 하지만 세상에 모습을 드러내는 데 이런 행동이 꼭 필요한 건 아니다. 부정행위를 하는 소수의 사람이 마라톤 경기에 참가하는 모든 사람을 나타내는 게 아닌 것처럼 말이다.

내가 주장하는 건 만일 당신이 **스스로**를 믿지 못한다면, 얻고자 하는 것을 얻기 위해 편법을 쓸 것이라는 점이다. 잃을까 두려운 마음, **키아수**가 생긴다. 만일 당신이 프랙티스가 아니라 결과물의 가치만 측정한다면, 원칙을 무시하거나 사람들에게 떠미는 행동을 이해할 수 있을 것이다.

우리는 이기적으로 살기 위해 태어난 게 아니다. 공동체 사회에서 삶의 경제학은 단기적인 시각으로 남에게 떠미는 행위로는 그 누구에게도 이익을 주지 못한다는 것을 분명히 알려준다. 하지만 당신이 무언가를 믿고 설 수 있는 것을 찾다 보면,

이기적으로 사는 길을 택하라는 무언의 압력을 받게 된다. 물에 빠진 사람이 살기 위해 주변 모든 사람을 디딤돌로 삼는 것처럼 말이다.

# 067

# 세상에서 가장 어리석은 행동

오늘 캐나다 밴쿠버의 날씨는 어떨까? 당신은 아마도 밴쿠버 날씨가 어떤지 모르거나 관심 없을지도 모른다. 그렇다면 미국 콜로라도주 텔류라이드의 가루눈 깊이는 얼마나 될까? 마찬가지일 것이다.

우리는 자신과 연관 있는 일만 떠올린다. '토요일에 소풍 가려고 하는데 날씨가 어떨까? 비가 와서 망치면 어쩌지?' 우리는 토요일 날씨가 소풍을 즐기기에 딱 좋기를 바라는 데 정신적 에너지를 한껏 쏟을 것이다. 반대로 토요일 날씨가 나쁠 거라고 앞서 걱정하고 괴로워하거나, 바라는 대로 날씨가 좋지 않을 것이라고 생각할 수도 있다. 우리가 원하는 대로 되기를 너무나 바란 나머지 이제는 그 날씨가 꼭 필요해진다.

이처럼 날씨를 예로 들면 집착하는 게 얼마나 어리석은 일인지 쉽게 알 수 있다. 생각이 깊은 사람이라면 회복탄성력을 대안으로 삼을 것이다. 토요일 날씨가 어떻든 상관없이 잘 지내는 것이다. 날씨라는 건 우리의 기대나 필요와는 전혀 상관없는 것이기 때문이다.

이제 날씨 대신 우리의 새 프로젝트가 시장에서 받아들여질 것인가 하는 문제로 빗대어 생각해보자. '상사나 비평가들은 어떻게 생각할까?' 정도 아닐까? 다른 사람이 우리 일에 어떤 반응을 보일지에 정말 집착하게 되면, 우리는 일에 초점을 맞추지 않고, 오로지 결과를 통제하는 데만 초점을 맞추기 시작할 것이다.

**068**

# 집착도 선택이다

어떤 사람들은 앞으로 할 일에 대해 어떻게 이야기할 것인지 집착한다. 공동체에서는 자신의 입지에 대한 인식에 집착한다. 우리는 무엇이라도 붙잡으려 한다. 그렇게 해야 위안거리가 없는 세상에서 숨을 곳을 찾을 수 있기 때문이다(좋은 소식에는 매달일 일이 없다). 우리는 계속 낙하하고 있는데, 그 아래에는 기반(foundation)이 없는 것이다.

　우리가 집착을 멈춘다면, 우리의 관심은 프랙티스를 따르는 길로 돌아갈 수 있다. 우리가 찾을 수 있는 가장 단단한 기반은 '기반이란 없다는 것'을 깨닫는 것이다. 작품과 작품을 보는 관객을 마주하며, 변화를 추구하는 과정을 따르는 것만으로 충분하다. 우리가 서 있는 곳은 통제 불가능한 영역이지만, 프랙티스는 우리의 선택에 따라 언제든 돌아갈 수 있는 곳에 있다. 집착을 버리는 것이 기반을 세우는 일이다.

# 069

# 당신은 경쟁자를 추천할 수 있는가?

다른 사람을 위해 일할 때, 다른 사람을 위해 예술 작품을 만들 때, 다른 사람을 위해 기회를 만들 때… 그 일에 전념해야 하는 건 당연하다. 그건 배려의 의미이기 때문이다. 우리는 좋은 사람들이고, 누군가를 위하는 건 우리가 느끼는 공감을 표현하는 하나의 방식이기 때문이다.

어느 날, 친구를 만나러 가는 길에 작은 마을에 들르게 되었다. 한 잡화점에 들어가 동네에 꽃집이 있는지 물었다. (내가 그 마을에 들렀던 건 오래전 일로, 소셜네트워크 서비스 옐프를 이용하기 전이었다.) 잡화점 점원이 말했다. "글쎄요. 꽃집이 어디 있는지 모르겠네요."

그 동네의 꽃집은 잡화점에서 불과 한 블록 떨어진 곳에 있었다. 내 생각에 그 점원은 여러 관광객에게 시달리느라 지쳤던 모양이다. 그리고 한편으로는 내가 꽃을 못 산다면, 그 가게에서 엽서라도 사기를 바랐는지도 모른다. 그러나 꽃을 파는 곳을 알려주었다면 나는 엽서를 샀을 것이다. 하지만 그 점원은 이기적이고, 퉁명스러운 태도 때문에 아무것도 얻지 못했다.

우리가 사람들을 위해 일할 때, 그들이 어떻게 받아들일지에 관한 집착은 내려놓아야 한다. 그건 그들에게 달린 문제이기 때문이다. 우리가 할 일은 그저 다른 사람을 위해 베푸는 일이다.

다음 질문은 베푸는 법에 관한 간단한 실마리가 된다. 당신은 당신의 경쟁자를 추천할 수 있는가? 작가들은 서로의 책이 출간되면 추천의 글을 써서 보낸다. 그들은 세상에 베푸는 마음을 가져야 자신들의 작품도 그만큼 힘을 얻을 수 있다는 걸 이해하고 있다. 작가를 비롯해 창의적인 일을 하는 사람들은 자신들이 제안하는 것이 모든 사람을 위한 게 아니라는 생각을 받아들인다. 내 작품을 대체할 수 있는 경쟁자의 작품을 추천할 수 있다는 건 당신이 욕심을 부리지 않으며 남을 위하는 자세를 갖추었다는 표시이다.

## 070

# 빚진 사람은 없다

자신이 톱니바퀴에 달린 톱니 이상의 존재라고 믿게 되면 우리는 빚을 지게 된다. 우리를 먹이고, 가르치고, 연결하고, 믿어준 사람들에게 진 빚 말이다. 우리는 우리에게 기대를 건 사람들에게 빚을 지고 살아간다. 물론 상대방이 우리에게 일부러 그런 의무를 지운 것도 아니다. **우리는 서로에게 빚을 지지 않았다.** 혹여 빚을 진 사람이 있다 하더라도 그런 사람은 없는 듯 행동하는 게 우리의 목표이다.

무언가 빚졌다고 생각하는 것은 집착의 한 형태이다. 우리가 기대려는 토대가 되고, 두려움을 느낄 때 언제라도 불만을 드러낼 소지가 된다. 우리에게 박수를 보내거나 감사해야 할 사람은 아무도 없다.

다른 사람을 위해 선택한 일이라면, 대가를 바라거나 사기를 치려는 게 아니라 그저 할 수 있어서 하는 것이라면, 다른 사람이 내게 빚을 졌다는 생각은 멈추게 된다. 누군가에게 받을

빛이 있다고 생각하는 것은 다른 사람에게 베풀기 위해 작품을 만드는 우리의 능력을 망가뜨린다. 만일 관객이 무언가를 갚기 위해 기립 박수를 보낸 것이라면, 그런 축하는 기억할 가치가 없다.

대가를 기대하며 작품을 만들면, 자기 믿음의 세계에서 벗어나 다시 결과물에 집착하는 상태로 되돌아가게 된다. 우리는 보장이 필요하다고 믿으며, 보장을 받을 유일한 방법은 외부로부터의 피드백과 결과라고 생각한다. 결국 우리의 시선은 일이 아니라 거울에 머물게 된다.

누군가에게 감사의 마음을 받는 것은 신경 쓸 문제가 아니다. 자신이 감사를 받아야 한다고 믿는 것이야말로 함정에 빠지는 일이다. (그게 사실이든 아니든) 내가 받을 게 있다는 생각은 독이 된다. 프랙티스를 따르려면 그런 생각은 거부해야 한다.

## 071

# 잘되지 않을지도 모르지만

당신이 작품에 쏟는 헌신은 더 나은 작품이 나올 발판이 된다. 당신의 작품은 문을 열고 세상에 나와 환하게 불을 비춘다. 소외된 사람들을 서로 연결하며 문화적 유대감을 형성한다. 더불어 사람들을 변화시키며, '나'를 '우리'로 만든다.

예술이란 잘되지 않을지도 모르지만 변화를 일으키는 일을 하려는 인간의 행위다. 그래서 작품은 중요하다. 박수갈채를 받기 위해서도, 돈을 벌기 위해서도 아니다. 우리가 할 수 있는 일이기 때문에 하는 것이다.

예술은 우리의 작품을 보는 누군가의 문제를 해결한다. 그건 누군가의 삶에 불을 켜는, 즉 타인을 돕는 행위이다. 그 불덕분에 방에 있던 다른 사람들도 책을 읽을 수 있다. 요점은 우리의 예술 작품을 선보이는 건 관객을 위한 일이라는 사실이다. 우리는 이미 자신의 작품을 보고, 이해하고, 경험했다. 하지만 그것으로는 부족하다. 그 작품을 사람들과 공유하지 않는다면 변화는 생기지 않기 때문이다. 나 혼자 기뻐하는 것만으로는 충분하지 않다.

　우리가 거쳐야 할 나머지 과정은 사람들에게 더 많이 베풀 수 있도록 하는 것이다. 더 많은 작품, 더 나은 작품을 만드는 법, 그리고 용기 있는 작품을 만드는 법을 알아야 한다. 그러기 위해서는 우리의 체제가 작동하는 방법, 우리의 관객이 생각하는 방법, 우리가 여기까지 올 수 있었던 방법을 이해해야 한다. 그리고 더 많은 노력을 쏟아야 한다.

# 072

# "왜?"라고 묻는 용기

"왜?"라는 질문을 던지면 만사가 어떻게 지금의 모습이 되었는지 그 이유를 알 수 있다. 한편으로는 우리를 낚는 일이기도 하지만, 우리 또한 "왜?"라는 질문을 할 수 있는 데다가 어느 단계에서는 현상에 대한 책임을 물을 수도 있다는 것을 의미하기 때문이다.

전문가라면 이 질문에 답할 수 있다. "왜?"라는 질문에 답하는 건 내가 전문가라는 것을 드러내는 신호이다. 우리가 창작 활동이라는 프로세스를 받아들이면 작품을 세상에 선보이고, 피드백을 받고, 개선하는 일을 반복하면서 가졌던 의문을 생생히 인식하게 된다.

이 의문은 관심으로 이뤄졌다. 그리고 각 의문에는 또 다른 의문이 따른다. 작품의 근본에 다다를 때까지 말이다.

"왜 양장본 책의 레이아웃은 이러할까? 왜 콘서트는 2시간 동안 이어질까? 왜 새로운 회사를 창업할 때 사무실이 필요

할까? 왜 클래식 애호가들은 새로운 음악을 좋아하지 않을까?"

우리는 왜라는 질문으로 불편해질 수도 있다. 그리고 어떤 현상을 진실로 들여다보도록 밀어붙이기도 한다. 그건 용감한 행동일 뿐만 아니라 다른 사람을 위하는 일이기도 하다.

# 073

# 실패한다 해도 가치 있는 경험일까?

시작 전에는 프랙티스의 세세한 부분까지 알 필요는 없다. 시작하지 않으면 레시피라는 게 없으므로 그게 무엇인지 알 수 없다. 방법은 언제나 결과에 달려 있다. 특정 결과가 프랙티스를 이끄는 원동력이란 뜻은 아니다. 앞서 이야기한 것처럼 결과에 집착하게 되면 예술 작품을 만드는 방법이 아니라 상업적 방안을 찾는 상태로 돌아간다.

중요한 프로젝트일수록 시작 전에 성공을 확신하기는 더욱 어렵다. 그럴 때는 이 질문으로 시작하면 좋다.

**만일 실패한다 해도 이 여정은 가치 있는 경험일까?** 성공 가능성과 관계없이 프로젝트에 모든 노력을 기울일 만큼 자신에 대한 믿음이 충분한가?

첫걸음은 결과와 프로세스를 분리하는 것이다. 우리가 결과에 연연하지 않는다면, 초연해질 수 있기 때문에 우리는 그렇게 할 수 있을 것이다.

**074**

# 어느 남작부인의 프랙티스

100년 전 펑크 미술 아티스트였던 엘자 폰 프라이탁 로링호벤 남작부인이 만든 작품 한 점이 센세이션을 일으켰다. 그녀가 철물점에서 구매한 도기 소변기를, 친구 마르셀 뒤샹이 미술 전시회에 작품으로 출품한 것이다.

'샘(Fountain)'이라는 이 작품은 미술계를 완전히 뒤바꿔 놓았다. 인간이 직접 손으로 만든 것뿐만 아니라 기계로 만들어진 것과 사진 또한 예술의 영역으로 포함하는 변화였다. 어느 면에서 '샘'이라는 작품은 수공예품으로써의 순수미술의 종말을 뜻했다.

다만 세월이 지나면서 마르셀 뒤샹의 공은 점점 더 인정받게 되었지만, 남작부인의 이름은 잊혀갔다. 하지만 그녀는 계속해서 활동했다. 그림을 그렸고, 행위 예술을 개척했으며, 자신의 프랙티스에 노력을 기울이는 삶을 살았다.

마르셀 뒤샹의 행동은 용서할 수 없는 일이지만, 여기서 우리가 주목해야 할 것은 엘자 폰 프라이탁 로링호벤의 열정과 일관성이다. 그녀는 예술을 하는 삶을 택했고, 새로운 영역을 끊임없이 탐험한 것이다.

# 075

# 불편한 곳으로 갈 수 있는가?

당신의 프랙티스는 여정이다. 당신을 어떤 방으로 안내한다. 그 방에는 다양한 규칙과 기대, 도전 과제가 있다.

그 방에 들어가면 당신은 알게 될 것이다. 살토 모탈레 (Salto mortale, 목숨을 건 비약), 공기가 희박한 곳에서 느꼈던 감정이다. 어떤 사람들은 이런 감정을 피한다. 그래서 성공 비결을 알기를 바라고, 자신이 하는 일에 보상이 따를 거라는 위안을 찾는다. 그러나 프랙티스를 따르려면 이런 불확실성의 경험을 추구해야 한다. 불편하게 느껴지는 방에 자의로 들어갈 수 있어야 한다.

# Chapter 3

## 프로가 되어라
## The Professional

# '확신'을 갖고 남을 구하는 사람은 없다

해상 안전요원 자격시험에도 합격했고, 라이프가드 시험인 브론즈 메달리온에도 통과했지만, 대다수 인명구조 요원과 마찬가지로 미시간 해변이 첫 근무지이다. 인명구조 요원들은 자신보다 수영을 더 잘하거나 더 용감한 사람을 찾는 게 어렵지 않은 일이라는 것을 알고 있다.

로빈 키퍼는 겨우 6살이었다. 하지만 아이 같지 않은 수영 실력을 가지고 있었다. 물이 따뜻했던 터라, 로빈은 가족들이 모여 있는 곳에서 살짝 벗어나 파도를 타며 놀기 시작했다.

하지만 로빈이 물속에서 허우적거리며 수면 아래로 깊이 빠지기 시작했을 때, 무엇을 해야 할지 의심의 여지는 없었다. 구조 요원은 배운 내용을 잘 알고 있었다. 구조할 수 있을지 없을지, 자신이 해낼 수 있을지 없을지를 판단하지 않고 무조건 뛰어들어야 한다. 일단 뛰어들어서 할 일을 하는 것이다.

당연히 그 구조 요원은 로빈을 구할 수 있을지 확신할 수 없었다. 어떻게 그런 확신을 할 수 있겠는가? 수영을 완벽하게 하기 때문에, 스스로 로빈을 구할 자격을 갖춘 사람이라고 확신했기 때문에 물에 뛰어든 게 아니다. 구조 요원이 물에 뛰어든 것은 물에 빠진 사람을 구하는 게 자신의 일이었기 때문이다. 그리고 자신이 로빈으로부터 가장 가까이에 있던 구조 요원이었고, 물에 빠진 사람이 생기면 무조건 뛰어들어 구하겠노라 스스로 약속했기 때문이다.

로빈의 부모가 해변에 도착했을 때는 이미 구조 요원이 로빈을 구조한 뒤였다. 그들은 인명구조 요원의 이름을 기억할 순 없겠지만, 수십 년이 흐른 뒤에도 그녀가 한 일을 절대 잊지 못할 것이다.

이 이야기에는 상당한 아이러니가 있다. 50년 전, 로빈의 할아버지 아돌프는 배영으로 세계신기록을 경신했고, 그의 이름으로 세워진 회사는 그 어느 곳보다 구명 용품을 많이 팔았다. 그리고 지금 로빈이 살아서 이 이야기를 할 수 있는 건 사람을 구할 수 있을지 확신할 수 없었던 한 인명구조 요원 덕분이다. 누가 확신이란 걸 할 수 있을까? 그리고 어떻게 사람을 구하려는 마음을 억누를 수 있을까?

# 077

# 우리는 인명구조 요원이다

프린스턴대학 피터 싱어 교수는 우리에게 생각할 거리를 주었다.

> 당신은 새로 산 가죽 구두를 신고 출근하는 길이다. 그런
> 데 한 개울에 엎드린 채로 물에 빠진 꼬마 아이를 발견
> 했다. 당신이라면 바로 개울로 뛰어들어 아이를 구할 것
> 인가?

당연히 그렇게 할 것이다. 새로 산 신발이 어떻게 되든 상
관하지 않는다. 그 아이가 누구인지도 상관없다. 당신은 생명을
구할 수 있고, 반드시 구해야만 한다.

일에서도 마찬가지다(다소 극적인 부분은 덜하지만 말이다).
억눌린 아이디어는 사라진다. 세상에 보여줄 기회가 있는데 아
이디어를 억누르는 건 이기적인 행동이다.

## 걱정과 자신감

해결할 수 있는 문제라면 왜 걱정하는가?

해결할 수 없는 문제라면 걱정해봤자 무슨 소용인가?

— 인도의 승려 샨티데바

걱정은 확신(guarantee)을 탐색하는 일로써, 성공을 보장을 받아 앞으로 나아갈 자신감을 찾으려는 것이다. 우리는 끝없이 약속을 찾아 헤맨다. 프로세스에 들인 노력에 걸맞은 결과가 나타날 거라는 약속 말이다. 집착하지 않으면 걱정도 생기지 않는다. 토성의 날씨를 걱정하는 사람은 없다. 오늘 토성의 날씨가 좋기를 기대하는 사람은 없기 때문이다.

걱정하느라 보낸 시간은 사실 통제할 수 없는 걸 통제하려 애쓰며 보낸 시간이다. 통제 범위 안에 있는 무언가를 하는데 투자한 시간을 일이라고 부른다. 일은 생산성을 우선시해야하는 영역이다.

걱정하는 건 생산적이지 않다. 걱정한다고 자신감이 생기는 것도 아니고, 설령 생긴다 해도 그런 자신감은 오래 가지 않는다. 걱정은 우리가 실천 습관 앞에서 망설이고 있다는 사실을 숨기는 방법이다.

안심은 헛된 것이다. 마음을 편히 갖는 건 도움이 되지 않는다. 이유는 간단하다. 자신감을 가지려면 무한한 양의 관심을 매일 얻을 수 있어야 하는데, 그것은 아무리 채워도 충분하지 않기 때문이다. 안심이나 걱정의 지지대를 찾기보다는 다시 일로 돌아가는 편이 낫다.

## 079

# 자전거 배우기

나는 자전거 타는 법을 배우는 데 어려움을 겪고 있다.

연습은 얼마나 하셨나요?
- 한 15분쯤이요.

자전거를 타려면 그보다는 더 오래 연습해야 해요. 몇 달이 걸릴 수도 있어요.
- 자전거 타는 법을 배우고 싶긴 한데 넘어지기는 싫어요. 단 한 번이라도 말이에요.

한 번도 넘어지지 않겠다고요?
- 네. 그리고 저는 눈가리개를 한 채 자전거를 타고 싶어요.

눈가리개를 하고 자전거 타는 사람을 본 적이 있나요?

-아니요. 그렇지만 제 안의 뮤즈가 그렇게 해야 한다고
 말하고 있어요.

세상에….
-음. 그리고 외바퀴 자전거를 타고 자전거 경주에서 우
 승했으면 좋겠어요.

그럴 순 없어요.
-그런 특별한 스킬을 사람들에게 보여줄 수 있는 유일한
 사람이 이미 있다는 말은 하지 마세요.

그럴 수도 있죠.
-그것이야말로 제게 주어진 진정한 미션이에요. 외바퀴
 자전거를 타고 경주에서 우승해야 할 사람은 바로 저란
 말이에요.

그런 미션은 세상 그 어디에도 없어요.

# 80

# 뮤즈는 필요 없다

사람들이 세상에 이바지하도록 용기를 북돋는 가장 일반적인 방법은 그들을 벽에서 내려놓는 것이다.

- 천재의 징후를 찾는다.
- 신비스러운 뮤즈를 향해 간다.
- 사람들을 조용히 있게 한 후, 다른 사람들의 목소리로 대신하게 한다.

이런 예는 100개도 댈 수 있다. 그중에 내가 소개하려는 건 노벨문학상 수상자인 밥 딜런의 말이다. "그런 노래를 쓰는 건 마치 유령이 쓰고 있는 것 같아요. 유령이 곡을 주고는 사라져 버리죠. 사라져 버려요. 그게 무슨 의미인지 당신은 알 수 없어요. 그저 유령이 곡을 쓸 사람으로 나를 선택했다는 걸 알 뿐이죠."° 그런데 이건 당치 않은 소리다. 세상에 그런 유령은 없다. 밥 딜런은 우리를 속이고 있거나 자신을 속이고 있다.

나는 성공한 창작가들과 대화를 나누면서 때론 불편함을 느낄 때가 있다. 그들은 영감의 원천을 직접 들여다보면 사라지지나 않을까 염려했다. 그런데 영감의 원천은 간단하다. 그것은 자기 자신이다. 열심히 노력하는 것도 자기 자신이고, 나를 벽에 내거는 사람도 자기 자신이다. 유령이 한 것이 아니다. 당신이, 우리가 한 일이다.

자본주의는 우리에게 벽에 걸리지 말라고 가르쳤다. 벽에 자신을 내건다는 건 비난받을 수 있는 일이고, 비난받는다는 건 자신이 한 일 (혹은 하지 않은 일) 때문에 해고될 수도 있다는 뜻이다.

그런데 자신을 벽에 거는 것이 최고라고 생각하는 사람들이 있다. 바로 당신이다. 그리고 내가 그렇다.

이건 우리의 프랙티스이다. 정말 많은 사람이 갖추지 못하고 있는 건 신뢰이다. 우리는 나 자신을 믿지 못한다. 너무 걱정스러워서, 너무 어려워서, 너무 위험해서… 내가 해낼 수 있다고 믿지 못한다. 그러나 중요한 건 우리가 할 수 있다고 마음

◉  출처: 로버트 힐번, "Rock's Enigmatic Poet Opens a Long-Private Door", 〈로스앤젤레스타임스〉.

먹는 것이다.

　　프랙티스는 우리의 선택에 스킬과 태도를 더하는 것이다. 배울 수 있고 시도할 수 있다. 우리가 창의적이기 때문에 세상에 작품을 선보이는 게 아니다. 세상에 작품을 선보였기 때문에 창의적인 사람이 되는 것이다. 당신에게 유령 같은 건, 뮤즈 같은 건 필요하지 않다.

# 081

# 스킬은 누구나 노력하면 얻을 수 있다

변화를 일으키려는 당신은 누구인가? 떨치고 일어나 더 좋은 세상을 만들겠다고 선언할 수 있는가? 이런 일을 할 사람은 따로 있다. 탤런트를 타고난 사람이다. 우리는 탤런트란 비밀스럽게 주어지는 것이고, 이것을 타고난 사람은 극히 드물다는 이야기를 들으며 살아왔다. 그래서 탤런트를 타고난 일부만이 리더가 될 수 있고, 반면 그렇지 않은 사람은 주어진 바를 받아들이며 고분고분 따라야 한다고 들었다.

그런데 이게 무슨 소리인지 모르겠다. **탤런트란 타고나는** 것이다. 그렇다면 타고난 유전자가 마법처럼 정렬된 DNA에 들어 있다는 뜻이다. 그렇다면 **스킬은 어떨까?** 스킬은 우리가 후천적으로 얻는 것이다. 배우고, 연습하고, 열심히 노력해서 얻는다. 그러므로 전문가를 탤런트가 있는 사람이라고 부르는 건 그 사람을 모욕하는 일이다. 전문가는 다른 무엇보다 스킬을 갖춘 사람이다. 탤런트를 타고난 사람은 많지만, 그것을 완전히 드러날 만큼 노력해 스킬을 갖춘 사람은 극소수이다. 스킬을 갖춘 사람이야말로 탤런트를 타고난 사람보다 훨씬 드물다. 그런데 스킬은 누구나 충분히 노력하면 얻을 수 있다.

프랙티스를 따르는 데 노력을 쏟는다면 더 나은 무언가로 보상받을 것이다. 일가견이 생기고, 판단력이 좋아지며 능력 또한 커진다. 명배우 스티브 마틴이 말했다. "내게 탤런트는 없었다. 전혀."

# 082

# 당신이 매일 1시간씩 하는 것

몸매를 관리하는 건 어렵지 않은 일이다. 매일 1시간씩 뛰거나 체육관에서 운동하면 된다. 그리고 6개월에서 1년 동안 지속한다. 어려운 건 이것이다. 매일 체육관에 가는 사람이 되는 일이다.

자신의 목소리를 찾는 일 역시 마찬가지이다. 목소리를 찾기 위한 전술, 글쓰기를 자극하는 것, 연필의 종류… 이제 이야기할 단 하나의 조건과 비교하면 그 어느 것도 중요하지 않다. 그 조건은 바로 창의적인 작품을 만드는 과정에 참여하는 유형의 사람이 되도록 자신을 믿는 일이다.

씻거나 먹거나 통근하거나 넷플릭스를 시청하거나 이메일을 확인하거나 놀러 가거나 휴대폰을 들여다보거나 뉴스를 읽거나 부엌을 청소하거나…. 나열한 일들의 공통점은 매일 하루에 1시간씩 하는 일들이다. 프랙티스를 따르며 보낸 시간은 창의적인 작품을 만드는 길을 보여줄 것이다.

창의적인 작품을 만드는 사람이 되려면 무엇을 해야 할

지 당신은 알고 있다. 그리고 어떻게 해야 하는지도 안다. 해본 적이 있을 것이다. 적어도 한 번은 다른 사람을 위해 독창적인 무언가를 말한 적이 있을 것이다. 적어도 한 번은 문제를 해결하거나 누군가에게 불을 밝혀 줄 손을 내밀었을 것이다. 프랙티스가 당신에게 요구하는 건 그런 일을 한 번 이상, 습관이 될 만큼 자주 실행해보라는 것이다.

# 083

# 프로와 아마추어의 차이

런던에는 해크니라는 자치구가 있다. 수백 년 전, 런던이 그다지 발전하지 않았던 시절에 해크니는 런던의 교외 지역으로, 말 사육에 특화된 작은 마을이었다.

해크니에서는 경주용 말이나 쇼를 펼치는 말이 아니라 보통 말을 키웠다. 일반 손님들에게 파는 값싼 말들이었다(돈을 받고 팔 수 있을 만큼 좋은 말이기는 했지만, 뛰어나진 않았다). 해크니의 말은 종종 택시용 마차를 끄는 용으로 팔리기도 했다. 여기에서 런던 택시 별명인 해크(hacks)가 유래되었다.

오늘날 해크가 뜻하는 '그저 그렇게 일하는 사람'은 당신이 되고자 하는 모습이 아니다. 그들은 모든 작품을 분해해 모방하며 겨우 먹고 사는 정도이다. 그들은 어떤 관점이랄 것도 없으며, 내세우는 주장도 없다. 그저 단순히 "필요한 게 뭡니까? 이 일로 제가 얼마나 벌 수 있습니까?"를 말하는 삶이다.

아마추어가 되는 것도 가능하다(칭찬할 만한 일이고, 심지

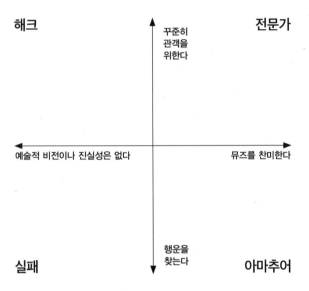

해크

전문가

꾸준히
관객을
위한다

예술적 비전이나 진실성은 없다

뮤즈를 찬미한다

행운을
찾는다

실패

아마추어

어 투지도 넘치는 일이다). 아마추어는 오직 자신만을 위해 작품을 만든다. 구경꾼이 있어도 개의치 않지만, 아마추어가 만드는 작품은 오직 자신만을 위한 것이다. 창작 활동에서 기쁨을 찾는 특권과 기회 역시 가질 수 있다. 그리고 전문가로 도약할 수 있다. 프랙티스를 따를 수 있는 선택지도 있다. 뮤즈가 없더라도, 하고 싶지 않더라도 지속한다. 당신을 위해 이렇게 선언하는 것이다.

하지만 부디 그저 그렇게 일하는 사람이 되는 길만큼은 피하길 바란다. 물론 일을 아예 안 하는 것보다야 낫겠지만, 일을 얻기 위해 자신의 기준을 포기하는 자세는 얼마 지나지 않아 독이 된다.

운에 기대지 않고, 진심으로 노력할 수 있는 사람이라면 누구나 프랙티스를 활용할 수 있고, 전문가의 삶을 선택할 수 있다. 아니면 아마추어의 길을 걸을 수도 있다. 당신은 선택의 갈림길에 있다. 어느 방향을 택하겠는가?

## 084

# 미세한 차이

대중을 기쁘게 하는 데 지나치게 치우치면 그저 그렇게 일하는 사람이 된다. 그리고 자신의 관점과 작품을 만드는 이유를 잃고, 오직 결과에만 초점을 맞춰 그저 그렇게 일하는 사람이 된다.

한편, 보이는 것을 무시하고 그저 나를 위한 창작 활동을 하는 건 공감 능력을 버리는 행동이다. 변화가 없으면 예술도 없다. 전문가는 다른 사람을 위하는 관대한 상상력을 선보이는 것과 결과를 통제하려 애쓰는 일 사이의 미세한 차이를 이해한다. 그런 모순을 극복하는 가장 좋은 방법이 바로 일이다.

창의적인 작품을 세상에 선보여라. 집착하지도 말고, 안심하려 들지도 말라.

# 085

# "나는 변했다고 비판받는 쪽을 택하겠어요."

사람들이 자신을 이해하기 어려워한다는 걸 알았을 때, 조니 미첼은 더 나아갔습니다. 일부러요. 진실은 사람들이 그녀를 이해하기는 어려웠다는 점입니다.

– 데이비드 크로스비

우리가 여전히 조니 미첼을 숭배하며, 당대의 거리에서 흘러나오던 노래들 중 그녀의 음악 외에 거의 기억하지 못하는 이유다.

예술가는 뒤를 돌아보지 않으며, 요청된 것만 연주하지 않는다. 조니 미첼이 새로운 라이브 앨범을 녹음하는 동안 대중들은 그녀가 노래를 해주기를 요청했다. 그러자 조니 미첼은 반 고흐를 만난 사람들이 '별이 빛나는 밤'을 다시 그려 달라고 했는지 되물었다.

"2가지 선택이 있죠."

음악 전문 잡지 〈롤링스톤〉과의 인터뷰에서 조니 미첼이 말했다.

"똑같이 유지하며 첫 성공을 가져다주었던 공식을 지키는 겁니다. 그럼 사람들은 당신에게 더 나아가지 않는다고 비판할 겁니다. 그래서 변화를 택하면 사람들은 변했다고 비판하겠죠. 그런데 같은 자리에 계속 머무르는 건 지겨워요. 변하는 건 흥미롭죠. 그러니 2가지 중 선택해야 한다면, 나는 변했다고 비판받는 쪽을 택하겠어요."

그녀는 쾌활하게 결론지었다. 선도자는 예술을 만들고 예술가는 선도한다.

# 086

## "뭘 기대하신 거예요. 공짜인데…"

시장은 창작자에게 작업을 포기하도록 만든다. 그리고 상호작용에서 돈 문제에서 배제해주는 것을 매우 관대한 행위라고 믿도록 유도한다. 그러나 실상은 그렇지 않다.

돈은 우리가 프랙티스에 노력을 쏟도록 돕는다. 돈 덕분에 사람들은 전문가로 변신하고, 작품에 더 많은 에너지와 시간을 쏟으며, 영향력을 키우고 더 많은 (더 적은 것이 아니라) 연결고리를 형성한다.

그리고 무엇보다 중요한 건 우리 사회에서 돈은 합류를 나타내는 한 방법이란 사실이다. 한정된 시간과 한정된 결과물에 돈을 내는 사람이라면 작품을 더 가치 있게 여기고, 다른 사람과 나누며 진지하게 받아들일 가능성이 크다.

당신의 시간과 결과물에 대해 돈을 내는 사람은 그것을 가치 있게 여기고, 공유하며 진지하게 받아들이는 것이다. 다른 사람을 위하는 일이라고 해서 작품을 무료로 보여주는 방식으로 마찰을 줄여야 한다는 건 아니다. 우리는 배려하고 싶은 사람들에게 용기와 열정, 공감을 불어넣어야 한다. 물론 그러다 보면 일부 대중과 갈등을 겪게 되는 때도 있다.

책임을 모면할 생각으로 숨을 자리를 만들어 두는 건 상당히 매력적인 생각이다. "뭘 기대하신 거예요. 공짜인데…."

그러나 때때로 작품에 가격을 매길 때, 다른 사람을 위한 결과물을 내기도 한다. 왜냐하면 우리가 만든 작품은 변화를 일으키기 위한 것이지, 우리의 모습을 숨기거나 자유로워지기 위한 것은 아니기 때문이다.

## 087

# 함께할 사람 찾기

연결을 바탕으로 하는 요즘 우리가 추구하는 대부분의 것은 사실 희소하지 않다. 대부분 사람이 깨어 있는 시간의 절반 이상을 온라인상에서 보낸다. 디지털 연결을 찾아, 즐거움을 찾아, 접근성을 찾아 온라인 상태를 유지한다. 그렇다면 돈을 낼 만한 가치가 있는 건 무엇일까? 그리고 사람들은 무엇을 위해 돈을 쓸까?

만일 당신이 사람들을 이끌고 있다면 그 여정에 참여할 사람을 찾는 일이 될 것이다. "나는 당신을 보고 있고, 믿고 있으며, 당신이 가는 곳이라면 나도 함께하고 싶다."라고 말하는 사람 말이다.

이런 일은 의무 교육에서는 발생하지 않는다. 의무 교육을 받으러 가는 건 해야 할 일이기 때문이지, 원해서 가는 것이 아니다. 교육과 자격 인증을 받기 위한 것일 뿐, 배움이나 열정 혹은 비법을 얻기 위해서가 아니다.

우리가 일에 관대해지면 신뢰와 관심을 얻을 기회가 생기며, 운이 좋으면 우리의 여정에 함께할 사람을 찾을 수 있다. 그런 사람은 적극적으로 비용을 낸다. 왜냐하면 우리가 그들에게 제안하는 대상은 희소하고 귀중한 것이기 때문이다.

# 088

# 대체할 수 없는 존재, 린치핀

'고유함'이란 단어는 사유 재산이라는 발상에서 비롯되었다. 예를 들어 당신의 소(cattle)처럼 말이다. 당신 말고는 그 누구도 당신 소유의 가축을 관리할 수 없다. 가축은 사유 재산이다.

목소리만큼 아주 개인적인 재산도 없다. 당신의 꿈과 두려움, 사회에 대한 기여 역시 당신의 것이다. 당신 특유의 것, 즉 고유하고도 남다른 것이다.

종말을 향해 가고 있는 산업화 경제는 대부분 당신의 특성을 숨기도록 했다. 산업은 대체할 수 있는 부품인 톱니바퀴를 중심으로 조직되었고, 톱니바퀴에 최대한 나를 맞추도록 끊임없이 몰아갔다.

목소리를 내고자 하는 사람에게는 소리를 낮추라고 했다. 당신의 의견이 필요하면 우리가 요구할 것이라고 하면서 말이다. 변화를 만들고 싶어도 그런 바람은 마음속에만 간직해야 했다. 그러나 이제 우리는 이런 생각을 뒤집었다.

오늘날에는 대체할 수 없는 사람이 최고의 작품과 최고의 기회를 얻는다. 이런 사람을 가리켜 우리는 린치핀(linchpins)이라고 부른다.

그리고 반갑게도 경제 역시 고유함의 가치에 보상한다. 우리가 가야 할 길은 남달라지는 것이다. 왜냐하면 특유의 모습을 가지는 건 자연스러운 일이기 때문이다. 그리고 고유함을 갖추는 게 자신에게도 이롭기 때문이다.

세상의 모든 변화는 고유한 목소리에서 시작된다. 현상 유지 상태에서 벗어나 필요한 사람에게 작품을 전했다면, 당신은 남다른 일을 한 것이다. 구체적이고 명확하며 실행할 수 있는 일이다.

## 089

# 더 좋은 고객이 더 좋은 작품을 요구한다

대중적 인기는 뜻하지 않은 반가운 결과이지만, 대중의 마음에
드는 작품을 만들려면 평균에 맞춰야 한다. 대중이란 평균을 의
미하기 때문이다.

우리가 추구하는 변화가 대중적 인기에 달렸다면, 우리가
히트작을 좇는다면 우리는 관점을 희생시키게 된다. 일반적으
로 대중은 단조롭다. 평균을 향해 미끄러져 내려가는 동안 흥미
로운 힘은 모두 사라지고, 에너지와 관심, 가능성은 파괴된다.

크노프의 북디자이너 칩 키드와 그와 똑같은 디자인 도
구와 기술을 가진 평범한 북디자이너 간의 차이는 무엇일까?
바로 칩 키드가 **더 좋은 고객**(better clients)을 가졌다는 점이다.
좋은 고객은 좋은 작품을 요구한다. 그들은 우리가 한계를 초월
하기를, 상을 받기를, 자신의 기대를 뛰어넘기를 바란다. 그리
고 그들은 제때 비용을 내며 우리에 관해서, 우리의 작품에 관
해서 이야기한다.

문제는 좋은 고객을 찾기란 쉽지 않다는 것이다. 그건 우리가 그런 고객을 얻을 만하다고 스스로 생각할 만큼 자신을 신뢰하지 않기 때문인 탓도 있다.

돈을 벌기 위해 구직 사이트 파이버(Fiverr)나 업워크(Upwork)에 이력서를 등록한 사람들은 하나같이 쉬운 고객만 찾는다. 그렇게 하면 쉽게 일을 구하고 쉽게 그만둘 순 있겠지만, 지금보다 더 좋은 고객을 구할 순 없을 것이다.

수년 전, 나는 유능한 2인조 그룹 가수의 음반을 제작한 적이 있다. 그들은 믿을 수 없을 정도로 열심히 했고, 예술에 전념했다. 가수로 살아남기 위해 1년에 300일을 공연했으며, 승합차에 살면서 매일 운전해 새로운 곳을 찾아 다녔다. 두 사람은 이 과정을 무한 반복하며 지냈다.

그들이 간 대부분 마을에는 다행히 공연할 수 있는 장소가 있었다. 몇 장의 CD를 낸 경험도 있지만, 공연비를 적게 받았기 때문에 그리 힘들이지 않고 공연 일정을 잡을 수 있었다. 그런데 그런 장소는 좋은 고객이 오는 곳이 아니다. 쉽게 공연할 수 있는 대신, 쉽게 잊힌다. 그리고… 그뿐이다.

나는 두 사람에게 이 마을 저 마을 돌아다니며 쉬운 장소에서 공연하는 건 노력을 낭비하는 일이며, 도리어 그들의 예술성을 감추는 일이라고 말했다. 그들에게 필요한 건 한곳에 머물며 팬을 모으고, 공연하고, 팬을 모으고, 더 멋진 장소로 이동해 다시 공연하고 이 과정을 무한 반복하는 일이었다. 그들이 그렇게 노력해서 얻는 건, 바로 '팬'이다.

# 090

# 좋은 건축가와 위대한 건축가의 차이

미국에서 정식으로 건축가 자격을 딴 사람은 10만 명이 넘는다. 그리고 그들 대부분은 산업화된 생산 과정에서 나오는 꾸준한 일감을 받아 일한다. 이들은 믿을 수 있고, 한결같으며 효율적인 건물을 짓도록 훈련받은 사람들이다.

그렇지만 일부 건축가는 다른 방식으로 일한다. 이들은 무언가를 발명하고 창조하며, 현실에 도전하기 위해 건축가가 되었다. 나아가 경외나 경탄을 부르는 구조물을 세우는 데 전념한다. 우리는 이런 건축가가 지은 건물을 보면, 오랫동안 기억하게 된다.

좋은 건축가와 위대한 건축가의 차이는 위대한 고객이 없으면 위대한 건축가가 될 수 없다는 간단한 사실이다(위대한 고객은 그저 평범한 수준의 건축가를 찾는 일은 거의 없다).

고객이 비용도 적게 들고 쉽게 지을 수 있는 건물을 원한다면 위대한 작품을 만들고 싶은 건축가의 바람은 이뤄질 일도 없다. 반면 뭔가 대단한 건축물을 원하는 고객이라면 그저 좋은 수준의 건축가를 고용하는 건 실수라는 것을 안다.

고객을 탓하고 싶은 마음이 들 것이다. 하지만 위대한 건축가가 되고 싶다면 좋은 고객을 구하는 어려운 일도 해내는 프로페셔널리즘이 필요하다.

# 091

# 문제는 좋은 고객을 '얻는' 일

좋은 고객은 쉽게 만족하지 않는 데다 요구사항도 많다. 엄격한 마감기한을 요구하지만 그만큼 비용도 낸다. 추가적인 작업을 요구하지만 그만큼 존중을 표한다. 그리고 그들은 자랑스럽게 다른 사람과 나눌 수 있는 작품을 요구한다.

세상에 좋은 고객이 있다는 건 당신도 알고 있다. 아마 본 적도 있을 것이다. 문제는 좋은 고객을 '얻는' 일이다.

형편없는 고객을 위해 더 좋은 작품을 만든다고 해서 좋은 고객을 얻을 수는 없다. 형편없는 고객은 우리가 더 좋은 작품을 만들기를 원하지 않기 때문이다(형편없는 데는 다 이유가 있다). 그들은 좋은 작품을 원하지 않는다. 그들이 바라는 건 값싸거나 인기 있는 상품이다. 심지어 일을 후딱 해치우기를 바라거나 마감기한을 무시하기도 한다. 아니면 새로운 일을 하는 데 따르는 모험을 피하려고 한다.

좋은 고객을 얻으려면, 그들이 원하는 전문가가 되어야

한다. 물론 힘들고 외로운 일이다. 저글링을 하는 것처럼 공을 던지고 또 던지는 일이다. 다만, 그러다 보면 어느 날 저절로 공을 받게 될 것이다.

# Chapter 4

## 의도를 가지고 실행하라
## Intent

## 092

# 의도는 중요하다

당신은 어떤 변화를 만들고 싶은가? 누군가를 혹은 무언가를 변화시키려고 하는 게 아니라면 왜 굳이 목소리를 높이고, 행동에 나서는 것인가?

당신에게 의도가 없다면 아무런 변화도 없을 것이다. 게다가 상황이 좋아질 가능성도 적다.

그래서 프랙티스는 더욱 분명해진다. 변화를 일으키는 데 관심이 있다면, 일으키려는 변화가 무엇인지 분명히 아는 게 도움이 된다. 나아가 작품이 줄 영향을 정확히 아는 것도 창의적인 활동을 통해 다른 사람에게 베푸는 일이라는 것을 깨달아야 한다.

## 093

# 목적이 이끄는 행동

- 누구를 변화시키려 하는가?
- 어떤 변화를 일으키려 하는가?
- 효과가 있을지 어떻게 알 수 있는가?

이 3가지는 간단한 질문이지만, 아마도 틀림없이 사람들이 답하기를 꺼리는 내용들이다. 이 질문을 피하는 건 목적에 이면이 있고, 그 이면은 실패를 뜻하기 때문이다.

집에 페인트칠하는 건 목적이 있어서다. 페인트칠했는데도, 여전히 집이 나빠 보인다면 그건 일을 제대로 하지 못했다는 소리이다. 하지만 그 정도 위험은 감수할 수 있다. 왜냐하면 집에 페인트를 새로 칠하는 경우는 대부분 그 보람을 느낄 수 있기 때문이다. 대개는 새로 칠하면 더 좋아진다.

여기서 생각해보자. 집에 페인트칠을 하는 경우, 처음부터 페인트를 칠하는 목적을 생각하는 걸 어려워하지는 않는다.

그저 재미로 집에 페인트칠하는 때는 거의 없기 때문이다.

할 가치가 있는 일이라면, 해야 하는 이유도 생각해볼 가치가 있다. 일단 일하는 이유를 정하면, 계속 그 일에 매진하도록 나 자신을 벽에 걸 수 있을 것이다.

# 094

# 무언가를 변화시키는 가장 효과적인 방법

우리는 그저 나 자신만을 위해 일하는 건 아니다. 타인을 돕기 위해서, 변화를 일으키기 위해서 일한다. '누구(who)'인지가 그토록 중요한 이유다.

당신이 집에 페인트칠할 때 8,000km 떨어진 곳에 사는 사람과는 아무런 이해관계가 없다. 그곳에 사는 사람들이 당신 집을 보거나 관련될 일은 전혀 없다. 심지어 집에 페인트칠하는 건 그들을 위한 일도 아니다. 그러나 만일 당신의 배우자가 집을 분홍색으로 칠하고 싶어 하는데 이웃 주민이 분홍색을 질색한다면 선택을 내려야 한다.

'이 일은 누구를 위한 일인가?'

모든 사람을 기쁘게 하는 것도 가능하겠지만 용감한 예술가는 그런 시도를 하지 않는다. 미국의 미니멀리즘 조각가 리처드 세라가 개념미술이나 현대미술을 좋아하지 않는 사람들을 위해 작품을 만드는 건 아니다. 값비싼 보석을 파는 것을 바가지 씌우는 것이라고 생각하는 사람들을 위해 티파니에서 반지를 만드는 것이 아니다.

우리는 우리가 위하고자 하는 사람들을 위해 변화를 추구한다. 여기에 가장 효과적인 방법은 목적(purpose)을 가지고 일하는 것이다.

# 얼마나 깊은 공감을 끌어내는가?

일부 직관적인 예술가는 그저 자기 자신을 위해 작품을 만든다. 그들은 자신이 감동할 작품을 만들면, 분명 다른 사람들도 감동할 거라고 생각한다. 그러나 전혀 그렇지 않다. 이미 자신의 취향과 필요에 따라 변화를 일으키는 사람들과 잘 어우러져 있기 때문이다.

당신에게 이미 그런 사람들이 있다면 그건 축하할 일이다. 전문가는 보통 이런 호사를 누릴 수 없다.

공감을 베풀 것인가 하는 건 도덕적 선택의 문제가 아니다. 그저 실용적인 문제다. 만일 당신이 과정에 노력을 쏟는다면 선택을 해야 한다. 누구를 위해 일하고, 무엇을 위해 일할지 말이다. 그리고 당신이 위하는 사람이 당신과 다르면 다를수록 그들에게 변화를 주기 위해서는 더 큰 공감을 자아낼 수 있어야 한다.

**096**

# 누구를 위한 일인가?

모든 사람이 함께하면 제일 좋다. 하지만 모두가 함께하지는 않을 것이다. 그리고 모두가 당신의 이야기를 들어주지도 않을 것이다. 당신을 이해하지 못하는 사람도 있을 테고, 무엇보다 그들은 행동하지 않을 것이다.

　머지않아 어떤 식으로든 변화가 찾아오고 문화는 변할 것이다. 그러나 그건 당신의 아이디어에 모든 사람이 따랐기 때문이 아니다. 그들의 친구, 가족, 동료가 따랐기 때문이다. 폭넓은 변화는 그렇게 일어난다. 처음은 원천에서 시작해도 대부분은 주위로부터 변화한다.

# 어떻게 1,000마리의 소를 몰까?

어떻게 하면 3명의 카우보이가 1,000마리의 소를 모는 일이 가능할까? 쉬운 문제다. 카우보이는 1,000마리의 소를 몰지 않는다. 10마리의 소만 몬다. 그러면 그 10마리가 나머지 50마리에게 영향을 주고, 그 50마리의 소가 나머지에게 영향을 준다.

널리 퍼져 세상을 바꾼 운동이나 제품, 서비스 같은 것들도 하나같이 이런 방식을 따랐다. 그래서 우리는 이기적인 비판가나 현상 유지만을 바라는 사람들을 무시한다.

먼저 10명의 사람을 찾아라. 당신의 작품에 충분히 마음을 기울이고, 여정에 함께할 사람을 말이다. 그러고 나면 다른 사람들도 따라올 것이다.

# 누구에게 손을 뻗을 것인가?

우리는 모두에게 닿을 순 없지만, 누구에게 손을 뻗을 것인지 선택할 수 있다. 그러면 그들이 다른 사람들에게 퍼뜨릴 것이다. 그러므로 '누구를 위한 것인가?'부터 고민하라.

당신의 이야기를 전할 사람들, 변화가 필요하다고 생각하는 사람들을 선택하고 나면 당신은 그들에게 더욱 집중하게 된다.

그들은 무엇을 믿는가?
그들은 무엇을 원하는가?
그들은 무엇을 신뢰하는가?
그들의 이야기는 무엇일까?
그들은 친구에게 무엇을 이야기할까?

이 단계에서 간결하고 집중적인 방식으로 그들을 대하면

변화를 일으킬 만반의 준비가 된 것이다. 여기에는 다시 한번 공감이 중요하다. 당신이 위하려는 사람들의 마음에 감동을 주는 작품을 만드는 실제적인 공감이 필요하다.

## 099

# 더욱 구체적으로

다만, 함정이 있다. 바로, 포괄성이라는 함정이다. 흐릿한 사람, 우유부단한 사람, 모호한 일반성….

당신이 만들고자 하는 변화는 매우 중요하기 때문에 불특정 다수를 위해 시간을 낭비할 수 없다.

그럼 어떤 사람을 위할 것인가?

정확히 어떤 사람인가? 그들은 무엇을 믿는가?

누가 그들에게 상처와 실망을 주었고 배신했는가?

그리고 누가 그들에게 영감을 주며 질투하게 했는가?

그들은 누구를 사랑하고, 왜 사랑하는가?

한 예로 '유권자'라는 표현은 구체적이지 않다. '웨스트버지니아주 시골에 사는 레인 가족'이 구체적인 표현이다. 세밀하게 말해야 하는 게 그토록 중요하다면, 그리고 지난 수십 년 동안 사람들이 구체적으로 표현해야 한다고 말해왔다면, 그리고 우리의 문화가 이를 바탕으로 하고 있다면, 사람들은 왜 이 이야기를 그렇게 받아들이기 어려워하는 걸까?

그것은 자발적으로 우리 자신을 벽에 거는 일이기 때문이다. 레인 가족을 위해 변화를 일으켰는데 그들이 변화를 거부한다면… 상당히 충격적이다. 그래서 포괄적으로 접근하는 편이 더 쉽게 느껴진다. 더 쉽지만, 효과도 떨어지는 방식이다.

구체적으로 일하는 방식을 선호하는 사람이라면, 당신은 당신이 하는 일을 좋아하게 될 것이다.

# 100

# 다시 한 번, 누구를 위한 일인가?

유명가수 데이비드 번의 다음 앨범은 누구를 위한 것일까? 1983년 라디오에서 '버닝 다운 더 하우스'를 들은 사람을 위한 것일까? 아니면 그가 이전에 낸 3장의 앨범을 구매한 골수팬들을 위한 것일까?

패션위크는 누구를 위한 것일까? 다음 주에 입을 뭔가 멋진 옷을 찾는 워킹우먼을 위한 것일까? 아니면 100여 명의 기자와 트렌드 세터의 관심을 끌려는 목적인 것일까?

이 파워포인트는 누구를 위한 것일까? 여기에 모인 모든 회의 참석자의 마음을 움직이려는 것일까? 지금으로부터 6개월 뒤 상사가 모든 직원에게 경고한 적이 있는 내용이라고 말할 수 있도록 증거용 문서로 남기기 위한 것일까? 아니면 CEO와 감정적인 논쟁을 벌이며 젠체하는 직원의 마음을 끌기 위한 것일까?

명품 브랜드 에르메스에서 판매하는 버킨백은 누구를 위한 것일까? 폭스 뉴스는 어떨까? 공동 모금회에 기부하는 사람은 대체 어떤 사람일까? 미국 비영리단체는 어떠한가?

모든 사람을 위한 건 아닐 것이다. 그건 분명하다.

당신의 프로젝트, 일, 조직은 어떠한가? 누구를 위해 진행하고 있는가?

일단 누구를 위한 일인지 알게 되면, 우리에게 그 사람을 긍정적으로 변화시킬 능력과 책임이 있다는 사실을 받아들이기 쉬워진다. 모든 사람을 위하는 것도 아니고, 비판의 여지가 없는 무결한 무언가를 만들려는 것도 아니지만, 그 사람을 위해, 그 믿음을 위해, 그 모임을 위해서 하는 일이다.

당신이 벽에 걸리는 데 전념해보길 바란다. 그들을 위해 무엇을 할지, 공감의 지점을 발견할 수 있을 것이다.

## 101

# 일이야말로 우리의 고객이다

일에 집중하기 위해 개인적으로 필요한 어떤 것들은 제쳐두어야 한다. 일 자체가 우리의 고객이고, 우리는 일에 빚을 지고 있기 때문이다.

물론 이런 노력이 감당하기 어려워질 수도 있다. 일과 나 사이에 균형을 잃었다는 걸 알고, 더는 노력을 지속할 수 없게 된다면 일을 진행하기 힘들어진다.

하지만 우리는 매우 자주 이런 극단의 위치에 서게 된다. 우월감을 가지려 하고, 애초에 우리가 일을 시작한 이유를 잊는 것이다.

일이야말로 우리의 고객이다. 당신이 변화를 만들 수 있도록 일이 당신을 고용한 것이다. 다만 일한 대가로 돈을 받기 때문에 우리는 혼란스럽다. 돈을 주는 사람을 섬겨야 하는 게 아닌가 하는 생각이 들기 때문이다. 하지만 그건 일을 그저 그렇게 하는 사람이 쓰는 전략이다. 게다가 그런 생각을 가지면,

애초에 우리가 일을 시작할 때 계획한 것처럼 사회에 기여하게 되는 경우도 거의 없다.

여기에 갈등이 생긴다. 일이 원하는 바와 월급을 주는 사람이 원하는 바 사이에 간극이 생기는 것이다. 예술을 만드는 일은 이러한 차이를 알맞게 조율하는 것이다.

**당신**은 미래에 대한 비전을 가지고 있다. 당신이 이끌고자 하는 사람들도 당신의 일에 기대를 건다. 단 양쪽이 완벽하게 일치하는 경우는 절대 없을 것이다. 심지어 일이 잘 풀리는 곳에는 바로 이러한 마찰이 생긴다.

누군가 드릴 비트를 원한다면, 드릴 비트를 건네주면 된다. 하지만 누군가 한계를 탐험하려 한다면, 그가 우리에게 원하는 건 자신이 앞으로 나아갈 수 있게 하는 창의적인 방법일 것이다. 바로 거기에 당신의 관점과 당신이 기여할 수 있는 부분이 있는 것이다.

바로, 우리가 일을 추진한다. 그리고 그러는 동안 사람들을 이끌기 위한 우리의 여정에 한층 더 적극적으로 동참하려는 사람들을 찾으면 된다.

# 많은 걸 얻는 대신 좋은 걸 얻는 방향으로

당신은 왜 그토록 **모든** 사람의 생각에 신경을 쓰는 것인가?

나는 실제로 당신의 일과 관련된 사람의 의견에만 귀를 기울여야 한다고 생각한다. 모든 사람을 생각할 필요는 없다. 관련된 누군가에게만 마음을 쓰면 된다.

당신에게는 당신을 믿어주는 무리가 있다. 어떻게 해야 그들에게 최고의 작품을 보여줄 수 있을까? 보통의 사람들과 타협하는 대신 소수의 사람들이 당신의 도전의식을 북돋우는 역할을 하도록 만들려면 어떻게 해야 할까? 많은 걸 얻는 대신 좋은 걸 얻는 방향으로 나아갈 순 없을까?

사실 우리를 믿는 사람들은 자신들의 요구가 무시되는 데 지쳤지만, 우리에게 용기를 북돋아주는 데 적극적이다. 하지만 그들과 함께하기 전에, 그렇지 않은 사람들로부터 떠나는 게 우선이다.

# 억만장자가 세상을 바라보는 방식

대학 기금 모금을 하는 게 얼마나 힘든 일인지 상상해본 적이 있는가? 최저 임금 남짓의 급여를 받으며 억만장자들로부터 20억 상당의 기부금을 받으려 애쓰느라 바쁘다. 억만장자의 이름을 붙이면 좋을 것 같은 건물에 관해 설명하면서 아마 이런 생각이 들 것이다. '말도 안 되는 소리지. 세상에, 나한테 20억이 있으면 고작 건물에 내 이름이나 세기려고 그 돈을 쓰는 일은 절대 없을 거야.' 이것은 이기적인 생각이다. 공감 능력이 부족해서, 억만장자의 입장이 되어 본 경험이 없어서 하는 생각이다.

타인을 위하는 생각은 이런 것이다. '이 사람은 억만장자야. 원하는 건 모두 가졌지. 부족한 거라곤 명예와 후대에 남길 유산일지 몰라. 지금 얻을 수 있는 그 무엇보다 이 사람에게 의미가 있는 건 앞으로 100년 동안 똑똑하고 전도유망한 젊은이들이 대를 이어 그의 이름을 부르는 일일지 몰라. 그럴 수 있다면 이 사람에게 20억은 싼값일 거야.'

이런 식으로 생각하면 우리의 망설임은 자취를 감춘다. 우리가 몸을 사리는 이유는 두렵기 때문이다. 그리고 함께 일하는 억만장자가 세상을 바라보는 방식대로 내가 세상을 보지 않기 때문이다.

이번에는 전기나 물이 공급되지 않는 시골 마을에 태양열 랜턴이나 깨끗한 물을 제공하려는 사회적 기업가를 생각해 보자. 그의 입장에서는 태양열 랜턴이나 정수장치는 제공하지 않고는 못 견딜 만한 상품이다. 하루 1,000원 미만의 돈이면 한 가족이 깨끗한 물을 마실 수 있고, 병에 걸리지 않을 수 있으며, 물 뜨러 가는 시간을 아낄 수 있다. 태양열 랜턴도 마찬가지다. 한 달치 등유를 살 돈이면, 이 가족은 태양열 랜턴을 살 수 있다. 태양열 랜턴은 2년이나 쓸 수 있는 데다 등유로 불을 밝히는 것보다 더 밝고, 휴대폰 충전도 가능하다.

그런데 정수장치나 태양열 랜턴을 사는 주민은 거의 없다. 왜냐하면 사회적 기업가가 흥분한 나머지 잠재 고객이 보는 시각으로 세상을 보지 못했기 때문이다. 아마 신기술에 대한 공포심으로 구매를 망설이며 이웃 사람이 먼저 사기를 기다리고 있는 건지도 모른다. 혹은 부모님을 비롯한 마을 어르신들을 존경하기 때문에 마을의 전통을 버리지 않으려는 것일 수도 있다.

처음으로 새로운 문물을 들여온 사람이라는 지위가 불편할 수도 있다. 아니면 도리어 무모한 행동을 했다는 이유로 비난받을까 두려울 수도 있다.

창의적인 작품을 세상에 선보이는 과정에서는 우리가 위하려는 사람들의 꿈과 바람을 진지하게 듣고 살펴야 한다. 그들이 무엇을 원하는지 제대로 이해해야 우리는 선택할 수 있다. 그들과 공감대를 형성하고, 그들의 꿈을 담아 일하거나 우리가 제시하는 비전이 그들을 위한 게 아님을 인정하고 또 다른 사람들을 위한 새로운 것을 만드는 길로 나아가는 것이다.

변화를 일으키려면 우리는 자신을 위해 무언가를 만드는 걸 그만두고, 다른 사람을 위해 무언가를 만드는 과정을 신뢰해야 한다. 우리가 보는 것을 다른 사람은 보지 못할 수도 있으며, 우리가 원하는 것을 다른 사람은 원하지 않을 수도 있다는 것을 깨달아야 한다.

# 104

# 모든 요소에는 목적이 있다

변화를 만들 때, 변화를 선언하고 누구를 위한 것인지 구체화한다. 누군가를 위해 변화를 시작하면, 또 다른 질문에 마주하게된다. 다음 단계를 알게 될 때까지 스스로 반복하는 질문이다.

**우리 프로젝트에서 이 요소는 무엇을 위한 것일까?**

이것은 의도적인 행동이다. 모든 요소에는 목적이 있다. 목적이 무엇인지조차 모른다면 대체 어떻게 그 일을 이뤄낼 것인가?

다시 한번 말하지만 "무엇을 위한 것인가?"라는 질문을 피하기는 쉽다. 어떤 일을 해야 한다고 선언했는데, 막상 자신이 말한 대로 일이 되지 않으면 실패했다는 느낌을 지우기가 어렵다.

극단적인 비교를 해보자면 공과 대학에 가면 "이 다리는 절대 무너지지 않는다."고 자랑스럽게 말하는 재능 있는 건축가들이 가득하다. 그러나 그건 수학의 문제다. 반면 작가 세계에는 자신의 책이 잘될지 확신하지 못하는 초보 작가들로 가득하다. 여기에는 수학이 개입되지 않는다(수학이 연관되지 않으면 처음 계획했던 목적을 회피하기 쉽다).

하지만 단지 확실하지 않다는 이유로 시도해서는 안 된다는 의미는 아니다.

# NASA 엔지니어는 알고 있었다

**모든 것에는 기능이 있다.** 다리나 우주선의 각 부품이 그 자리에 있는 건 이유가 있어서이다. 비록 그 이유가 장식용이더라도 말이다.

NASA의 엔지니어들은 아폴로 로켓의 탑재 장비를 실을 때 트레이드오프°에 대해 분명히 알고 있었다. 모든 물건은 무게가 나가고 자리를 차지한다. 반드시 가져가야 할 이유가 있는 게 아니라면 무엇도 달착륙선에 실을 수 없다.

목적을 띤 행동을 하려면, 꼭 해야 하는 이유가 있어야 한다. 누구를 위한 것인지를 찾고, 변화해야 한다고 주장하고, 약속을 지킬 수 있도록 당신이 맡은 일을 해야 한다. 당신이 무엇을 이루려고 노력하고 있는지 모르겠다면, 꼭 해야 할 이유를 찾지 못한 것이다.

---

○ 2개의 목표 중 하나를 달성하려 하면, 다른 목표의 달성이 늦어지거나 희생되는 상황.

# 그린 밀에서 공연하는 이유

눈을 감고 시카고의 한 동네 술집을 그려보자. 그곳을 재즈클럽 그린 밀이라고 치자. 이곳은 녹이 켜켜이 쌓인 오래된 술집이다.

하지만 매주 월요일 밤이 되면 이 술집은 변신을 한다. 밤 9시, 매니저가 작은 무대 위에 올라 "쉿" 하고 손님들을 조용히 시킨다. 손님들은 매니저가 왜 그러는지 이미 알고 있다. 오늘 밤 이곳을 찾은 손님 중에는 인도의 뭄바이처럼 먼 곳에서 온 사람도 있다. 재즈 보컬 파트리샤 바버와 재즈 트리오의 연주를 듣기 위해서이다.

처음 온 사람들을 위해 이곳의 규칙을 설명하자면, 월요일은 파트리샤의 밤이다. 음악을 듣기 위해 이곳에 온 게 아니라면 지금 당장 일어나는 게 좋을 것이다. 앞으로 5시간 동안 여기 옹기종기 모인 사람들은 재즈 음악의 가능성에 대해 교감을 나눌 것이기 때문이다. 이들은 최고의 재즈 그룹이 크게 도약하고, 음악적 위험을 감수하는 모습을 실시간으로 보게 된다.

파트리샤 바버와 같은 전설적인 재즈 뮤지션이라면 뉴욕 맨해튼에 있는 재즈 스탠더드 같은 곳에서도 매진시킬 수 있다. 그런 그녀가 시카고의 작은 바에서 무얼 하는 걸까? 족히 100명은 되는 사람들이 그녀의 노래를 듣기 위해 좁은 술집을 꽉 채웠고, 1년 내내 매주 월요일마다 이렇게 사람들이 모인다.

파트리샤 바버는 이곳이 자신의 거실이라고 이야기한다. 자신의 관객들이 여기 모인다. 그들은 유명인을 보려고 모인 사람들이 아니다. 그저 재즈 음악에 심취한 사람들이다. 그녀가 이끌고자 하는 여정에 사람들이 동참하는 것이다.

그린 밀에서 공연할 때 파트리샤 바버는 혹여나 실수하지 않을까 걱정할 필요가 없다. 그녀가 실수하는 모습이 소셜 미디어에 오를 일도 없을 것이다. 노래를 짧게 해야 할 필요도, 신나는 노래를 선곡해야 할 필요도, 장음계의 노래를 고를 필요도 없다.

파트리샤는 오로지 음악을 위해 이 자리에 있고, 다른 사람들 역시 마찬가지이다.

누구와 무엇을 할지 정하는 게 첫 단계이다. 그린 밀에 모인 손님들이 함께하기 때문에 파트리샤 바버는 음악을 보여줄 수 있고, 권리를 가지며 공연을 잘할 수 있는 것이다.

# 107

# 6가지 질문

- 값비싼 자전거에서 탄소섬유 바퀴는 무엇을 위한 것일까?
- 이 광고의 헤드라인은 무엇을 위한 것일까?
- 워드프로세서에서 저장 버튼은 무엇을 위한 것일까?
- 공항에서 나오는 보안 경고 안내방송은 무엇을 위한 것일까?
- 신문의 '독자란'은 무엇을 위한 것일까?
- 크고 화려하게 지은 저택 앞마당의 잔디밭은 무엇을 위한 것일까?

6가지 질문에 대해 깊이 생각해보면 우리가 만들거나 마주치는 많은 것이 생각과 다르다는 걸 알게 된다.

사실 비싼 자전거의 특수 바퀴는 구매자가 돈을 잘 썼다고 생각하도록 하려고 단 것이다. 소리가 시끄럽거나 바퀴가 튼튼하지 않을 수 있다는 뜻일 수 있다. 물론 탄소섬유 바퀴 덕분에 자전거가 현저히 빠르거나 튼튼할 수도 있지만, 꼭 필요한 것은 아니다.

잡지 광고의 헤드라인은 광고에 걸맞은 대상자가 그 내용을 볼 수 있게 하려고 내거는 것이다(그렇지 않은 사람은 광고면을 그냥 넘기도록 하기 위해서이기도 하다). 또한 독자의 마음을 열게 하려는 목적도 있다. 그래야 이어지는 광고 내용 또한 독자들의 마음을 사로잡을 가능성이 생기기 때문이다.

공항의 안내방송은 친근감을 주기 위한 것이다. 아니면 공항 측이 책임을 회피하거나 보안 문제에 관해 엄중하게 대처하고 있다는 인상을 주기 위해서일지 모른다.

신문의 '독자란'은 편집국에서 독자들의 생각에 신경을 쓰고 있다는 환상을 심어주기 위해 만들어진 자리이다. 특히 편집국에 편지 보내는 걸 좋아하는 독자를 위해서 말이다.

전형적인 교외 주택 앞마당의 잔디는 보여주기 위해 존재한다. 잔디 자체가 가진 비생산적인 (그리고 비싼) 본질이 핵심이다.

# 108

# 워드프로세서에는 저장 버튼이 있어야 할까?

신규 사용자가 워드프로세서 소프트웨어를 편하게 쓰려면 그들이 익숙하게 사용하던 소프트웨어와 디자인과 정확히 똑같아야 한다. 여기서 저장 버튼의 목적은 이 프로그램을 써도 괜찮을 거라고 신규 사용자를 안심시키기 위한 것이다.

하지만 만일 워드프로세서 소프트웨어 디자인이 열성 사용자들이 마주하는 사용상의 문제점을 해결하기 위한 거라면, 저장 버튼이라는 게 존재해서는 안 된다.

워드프로세서 소프트웨어의 목적은 이용자가 글을 쓰도록 하기 위한 것이고, 그렇게 쓴 글을 저장하는 건 소프트웨어의 핵심 요소이기 때문이다. 워드프로세서 소프트웨어는 저장 버튼을 누르지 않아도 저절로 문서를 저장할 만큼 똑똑한 프로그램이다. 그리고 문서를 저장하는 공간인 하드 디스크 또한 수백 개의 문서를 저장할 정도의 크기라 해도 그 가격이 저렴하다. 즉, 사용자는 문서를 저장해야 한다는 사실을 더는 기억하지 않아도 된다는 뜻이다.

　한 걸음 더 나아가서 소프트웨어 디자인이 무엇을 위한 것인지 생각해보면, 소프트웨어 프로그램은 사용이 매우 편리해 사용자가 동료들에게 추천하지 않을 수 없다는 생각도 든다. 소프트웨어의 디자인이 제품을 마케팅하는 방법인 것이다.

　뿐만 아니라 제품과 사용자 간에 공유하는 역학관계가 있다. 다른 사용자를 끌어들이고, 그들과 공유한다는 이유로 소프트웨어가 더욱 잘 기능하도록 하는 역학관계이다.

　그리고 나면 이 소프트웨어는 사람들이 서로 입소문 내며 퍼지는 제품이 된다.

## 109

# 누구에게 평가받을 것인가?

소프트웨어 엔지니어는 '누가, 무엇을, 왜?'를 되풀이하며 확인한다면, 예술계에서 일하기로 마음먹은 사람들은 어떨까?

100년 전, 현대미술가로 명성을 얻은 소니아 들로네는 20세기 초반에 일어난 회화운동 오르피즘파의 개척자로, 현대미술에서 색깔과 기하학적 구조를 보는 방식을 바꾸었다. 그녀는 자신의 작품 속에서 자연주의의 기준과 전통적 접근법을 버리고, 입체주의와 색채를 결합하는 방식으로 작품을 변화시키고 확대했다.

"1911년경 저는 막 태어난 아들을 위해 만들 물건에 대한 아이디어가 떠올랐어요. 우크라이나 농부의 집에서 본 것 같은 천 조각을 조금씩 모아 만든 담요였죠. 완성하고 나서 보니 조각 천이 배치된 모습에서 입체주의 개념이 떠올랐고, 저는 다른 사물과 그림에도 같은 제작 과정을 적용해 보았습니다."

여기에서 말하지 않은 사실은 소니아 들로네가 작품에 변화를 주려고 쏟은 노력이다. 그녀는 대세에 자신을 맞추려 애쓰지 않고, 남들과 달리 눈에 띄는 길을 선택했다. 비판적인 사람들의 비위를 맞추는 그림을 그리는 대신 새로움을 갈망하는 사람들을 위한 예술 활동을 펼쳤다. 소니아 들로네는 자신이 어떤 장르의 작품을 만드는지, 그 분야에 관심을 가진 사람들은 누구인지, 작품을 드러내고 평가받아야 할 곳이 어디인지 알고 있었다.

그녀는 엔지니어, 건축가, 소프트웨어 디자이너처럼 의도를 가졌다.

# 110

# 감정까지 바꿀 권한은 없다

스탠드업 코미디언이 되는 건 쉽지 않은 일이다. 특히 여자라면 그리고 때가 1973년이었다는 걸 고려하면 한층 더 어려운 일이다. 1973년 토티 필즈는 미국에서 가장 유명한 여성 코미디언으로, 미국 CBS 방송국 코미디 프로그램 캐롤 버넷 쇼와 심야 토크쇼에 출연했다.

그녀는 어릴 적 내가 살던 버펄로의 커다란 공연장 무대에 선 적이 있다. 무슨 일이 일어날지 분명 아무것도 몰랐던 우리 엄마는 나를 공연장에 데려가셨다.

토티 필즈의 공연은 텔레비전에서 보던 것과 전혀 달랐다. 욕설이 섞인 아슬아슬한 내용의 공연이었다. 지금에 와서 보면 별거 아닌 수준이었겠지만, 우리 엄마는 경악을 금치 못하셨다. 공연이 시작되고 20분 뒤, 다른 부모들이 아이들을 데리고 공연장 밖으로 나가는 걸 보고 우리도 자리에서 일어섰다.

우리가 출입문 가까이 갔을 때, 토티 필즈가 공연을 멈추고 소리쳤다. "조명 좀 켜주세요." 탈옥 영화라면 늘 나오는 장면같이, 스포트라이트 조명 안에 갇힌 죄수처럼 우리 둘은 그 자리에 얼어붙었다.

그다음 몇 분 동안(우리에게는 1시간처럼 느껴졌다) 토티 필즈는 우리가 그녀의 연기를 이해하지 못하고 있으며, 자신이 얼마나 열심히 공연에 임하고 있는지, 공연을 끝까지 보지 않고 자리를 떠나는 게 얼마나 무례한 일인지를 말하며 우리 두 사람을 몹시 나무랐다.

토티 필즈는 그 자리에 있는 모든 관객이 그녀가 원하는 대로 공연을 느끼기를 바랐다. 물론 그건 그녀의 실수였다. 우리는 우리가 원하는 대로 상대가 느끼도록 할 수 없다.

우리가 할 수 있는 일은 적절한 의도를 가지고, 적절한 사람들에게 적절한 방식으로 적절한 작품을 보여주는 것이다. 그러고 나서 그들의 감정 상태가 어떻게 변할지는 그들에게 맡기는 수밖에 없다.

우리는 자신을 믿어야 하고, 우리가 위하려는 사람들을 믿어야 한다. 그러면 그 믿음이 몇 번이고 보답할 것이다.

# 111

# 묻지 않으면 조언을 구할 수 없다

"무엇을 위한 것인가?"라는 질문은 피할 수 있다면 피하고 싶다. 사실, 이 질문에 답하지 않는 가장 솔직한 이유는 '두려워서'일 것이다. 그리고 바로 이 점이 이 질문을 던지는 가장 좋은 이유다. "무엇을 위한 것인가?"라는 질문은 표면적으로는 우리가 목표를 향해 일하고 있다고 믿지만, 그 일의 목적이 무엇이든 우리가 실제로 하는 것은 숨기는 것이다.

숨는다는 건 여러 형태를 취한다. 창의성의 원천은 때때로 자세히 살펴보면 스쳐 지나갈 것처럼 느껴지기 때문이다. 그래서 그것은 할 수 있을 때마다 자취를 감춰버린다.

재미를 위해서든, 일에서 벗어나기 위해서든 그 이유가 무엇이라도 해도 아무 문제 없다. 하지만 무엇을 위한 것인지 생각해보면, 인맥을 늘리고 업계 내에서 신뢰를 쌓기 위한 것이라면 회의 장소에서 사람들과 어울리지도 않고, 뒷줄에 앉아만 있는 건 실패라고 말할 수밖에 없을 것이다.

'무엇을 위한 것인가?'를 계속 되뇌다 보면, 이 질문을 떠올릴 만큼 중요한 일이라고 생각될 때마다 일하러 가는 것을 선택하게 된다. 그리고 마음을 열고 유용한 피드백을 받아들이게 된다.

당신이 미국 앨라배마주 헌츠빌에 가야 한다면 어느 방향으로 가야 할지 물어볼 수 있다. 가다가 누군가 잘못된 길로 들어섰다고 말한다 해도 상처받지 않을 것이다. 개인적인 감정에서 그런 말을 하는 게 아닐 뿐더러, 엄청나게 충격적인 얘기도 아니기 때문이다. 그저 가려는 곳에 어떻게 가야 하는지 도와주는 유용한 조언일 뿐이다. 오히려 어디로 가고 싶은지 말하지 않는다면 그런 조언은 얻을 수 없을 것이다.

## 프랙티스의 모순

박스오피스 순위나 유명 평론가의 평론 등 결과물에 대해 무시해야 한다. 결과물에 집착하면 과정을 망치고, 모멘텀을 잃게 되며, 결국 놀라운 것을 해내겠다는 우리의 의지는 약해진다.

좋은 작품과 그렇지 못한 작품에는 실제로 차이가 있다. 우리의 노력에는 이유가 있고, 우리가 이루려는 변화에는 다른 사람과의 공감이 필요하다. 그냥 기분이 내키는 대로 뭐든 하는 유아론에 그칠 일이 아니다.

실천 습관의 중심에는 이러한 모순이 있다. 우리는 이러한 모순이 없는 것처럼 굴 게 아니라 모순과 함께 춤을 추듯이 지내야 한다.

# 안목을 믿어라

아이디어는 뮤즈로부터 나오며, 우리가 할 일은 단순히 그것을 증폭시키는 일이라고 생각할 수 있다. 성공한 이들은 뮤즈가 강력한 아이디어를 주어서 성공할 수 있었다고 생각한다.

나는 성공한 사람들이 그렇게 했다고 생각하지 않는다. 누구나 끝없는 아이디어와 관념, 암시를 얻는다. 성공한 사람들은 보통 잘될 가능성이 낮은 아이디어는 무시하고, 자신의 미션을 발전시킬 가능성이 큰 프로젝트에 집중한다. 우리는 이를 두고 안목이 있다고 말한다.

이처럼 사전에 필터링하는 과정을 통해 우리는 일을 더 잘할 수 있다. 눈을 크게 뜨고 확인해보자. 찾고 있는 요소가 무엇인지 글로 써보자. 아니면 다른 사람에게 이 세상에서 내가 맡은 부분이 어떻게 작동하는지 설명하는 방법도 있다.

직감은 훌륭한 것이다. 직감을 통해 얻은 아이디어를 계속해서 발전시키자.

## 답 없는 회의를 또…

오후 4시에 회의가 예정되어 있습니다.

- 그렇군요. 무엇을 위한 회의입니까?

글쎄요. 항상 하는 회의라서요.

"무엇을 위한 회의입니까?"라는 질문의 답은 회의하지 않는 위험을 감수하는 것보다 현상을 유지하는 편이 더 편하다는 것이다. 회의의 목적은 회의하고 싶어 하는 사람들이 기분 상하지 않도록 하기 위해서이다.

# 불확실성이 아니라 일에 집중하도록

'마음챙김'은 건강하고 프로페셔널하며 최고의 나를 나타낼 수 있게 하는 마음가짐이다. 또한, 미칠 듯이 어려운 일이기도 하다. 특히 바쁘게 지내는 걸 무엇보다 높이 평가하는 문화에서는 더욱 그렇다.

그러나 마음챙김이 분주함의 반대말은 아니다. 마음을 챙기려면 의도적으로 움직여야 한다. 마음챙김은 그저 정한 일을 하는 습관이다. 토 달지 않고, 이런저런 소리 하지 않으며 두려워하지 않고 그저 묵묵히 일하는 것이다. 우리가 하기로 정한 일을 하는 것이다.

이를 달성하는 가장 쉬운 방법은 일하는 목적을 분명하게 하는 것이다. 만일 그 목적이 (우리가 통제할 수 있는) 과정을 따르기 위한 것이라면, 우리의 주의를 분산시키는 불확실성에 집중하는 게 아니라 일의 과정에 집중할 수 있도록 하기 때문이다.

얼마 전, 나는 지나라는 독자로부터 편지를 받았다. 내용은 이러했다. "개인적인 이야기입니다만, 2016년 작가님의 책 《더 딥(The Dip)》을 읽고 나서 제가 글을 쓸 수 있었던 시간에 비즈니스를 만들려고 애쓰며 보내고 있었다는 걸 깨달았습니다. 그래서 그런 노력은 접고 오직 글쓰기에만 집중했습니다. 그리고 2년도 채 안 되어 저는 아동 및 성인 대상 프리랜서 작가이자 오류점검 담당자로 일자리를 갖게 되었습니다."

여기서 얻을 수 있는 교훈은 간단하다. 지나는 관심의 초점을 일의 목적으로 되돌림으로써 다시 일할 수 있게 되었다. 지나가 내내 하고 싶었던 그 일은 글쓰기였다.

# 어린아이는 알지 못한다

"꼬마야, 왜 울고 있니? 뭣 때문에 그렇게 짜증이 난 거니?"

아이는 알지 못한다. 아직 어린아이일 뿐이다. 아이들은 느끼는 그대로의 감정을 드러낸다. 아랑곳하지 않는 마음의 특징은 상황에 바로바로 반응하고, 비난하며, 아무런 목적이나 한도 없이 시간을 보낸다는 점이다.

우리는 그동안 조금은 의도를 생각하며 일해왔다. 어쩌다 한번 하던 걸 규칙적인 습관으로 바꾸면 우리에게 기회가 찾아온다. 다음과 같은 이야기를 계속 반복하는 것이다.

1. 이것은 프랙티스이다.

2. 이 일에는 목적이 있다.

3. 나는 변화를 만들고 싶다.

4. 그 변화는 특정한 누군가를 위한 것이다.

5. 어떻게 하면 더 잘할 수 있을까?

6. 계속 반복할 만큼 오랫동안 끈질기게 매달릴 수 있을까?

7. 1부터 6까지를 반복한다.

## "그런 거라면 계속하세요."

미국 교통안전청의 규칙은 매우 명확하다. 공항에서 보안검사를 할 때 허리띠와 노트북은 같은 바구니에 넣어서는 안 된다.

무엇을 위해 그렇게 하는 것일까? 안전한 비행을 위해서이다. 그런데 정말 그럴까? 그렇다면 왜 더 안전한 것일까?

실상은 규칙을 따르는 체제를 만들고, 무작위적 불안을 조성하려는 것이다. 그렇게 하면 더 안전하다고 느끼는 사람들이 있다.

"아, 그렇군요. 그런 거라면 계속하세요."

# 진정성이라는 함정

"당신이 진짜라고 느끼는 것을 말해보라."

이러한 간단한 접근법으로 신뢰의 제스처를 찾으려는 사람들이 있다. 그러고는 이렇게 말한다. "내면 가장 깊은 곳의 감정을 공유하라. 진정성을 가지라." 하지만 이건 가슴앓이로 이어질 뿐 아니라 불가능한 일이기도 하다.

우리가 말하고, 행동하고, 쓰려는 일에 진정성 같은 건 없다. 그건 그저 다른 누군가와 함께하기 위해, 사회에 이바지하기 위해 아니면 결과를 만들기 위해 계산된 노력일 뿐이다.

예를 들어, 모인 모든 사람을 불쾌하게 만들어 경력을 망쳐버린 정치인이 진정성을 담은 얘기였다고 주장할 수는 있겠지만, 말을 뱉기까지 그 모든 순간은 전부 의도적인 행위였다. 이번에는 행위가 원하는 결과물로 이어지지 않은 것뿐이다(아니면 원하는 결과로 이어진 것인지도 모른다).

스탠드업 코미디도 진정성을 보이는 행동은 아니다. 마이

크를 손에 쥐고, 무대에 서는 게 자연스러운 행위는 아니다. 요리사가 요리를 즐길 수는 있겠지만, 조리법이 더 까다로운 음식을 만든다고 해서 진정성이 더 있는 것도 아니다.

어떤 식으로든 자기 통제를 하고 있다면 진정성을 가진 게 아니다. 어린아이가 짜증 내는 일만이 진정성 있는 행동이다. 그 외에 우리가 하는 모든 행위에는 의도가 있다.

의도와 공감을 가지고 행동한다면 우리가 갈 길은 명확하다. 작품을 만드는 건 변화를 만들기 위해서이다. 작품을 세상에 보이지 않는다면 그 어떠한 변화도 일어나지 않는다. 작품을 선보일 대상을 잘못 고르고, 잘못된 작품을 선보인다면 아무런 변화도 일어나지 않는다.

대중이 원하는 건 진정성 있는 목소리가 아니다. **그들이 원하는 건 한결같은 목소리이다.**

# 119

# 꾸준히 약속을 지키는 사람

영화감독 그레타 거윅이 차기작으로 어떤 영화를 만들지 아는 사람은 아무도 없다. 하지만 그녀의 팬이라면 그녀가 내놓을 다음 영화를 보러 갈 것이다. 감독이 그레타 거윅이기 때문이다. 그레타 거윅에게 그러한 팬들이 있는 것은 그녀가 팬들을 보고, 이해하고, 그들의 변화에 도움을 주었기 때문이다. 약속은 중요한 것이고, 약속이 있기에 (작품을 통해 도움을 받는) 예술가와 팬들 사이에 연결고리가 생긴다.

그레타 거윅이 그저 혼자 보고 싶어서 영화 '작은 아씨들'을 만든 건 아니라고 생각한다. 다른 사람들이 보고 싶어 할 거라고 생각했기에 그 영화를 만든 것이다. 그리고 그녀는 그 영화를 만들었기 때문에 엔딩 크레딧에 자신의 이름을 당당히 올렸다.

우리는 진정성 있는 심장외과 의사를 원하지 않는다("당신이 집주인과 싸웠더라도 관심 없습니다. 오늘이 최고의 날인 것처

럼 수술을 해주세요"). 혹은 진정성 있는 요리사도 원하지 않는다
("오늘 저녁, 멕시칸 요리를 만들고 싶지 않은 기분이라 해도 상관없
습니다. 그건 메뉴에 있는 음식이고, 제가 시킨 요리입니다").

우리가 찾는 건 우리를 바라봐주고, 창조적 마법을 부리
기 위해 꾸준히 약속을 지키는 사람이다. 어제 했던 일에 리듬
을 맞춰 오늘도 전념하는 사람이다.

프로가 될 만큼 자신을 신뢰한다는 건 자신이 도우려는
사람과 약속을 맺는 일이다. 우리는 의도를 바탕으로 일을 설계
하겠다고 약속하는 것이고, 대중은 당신이 보여주겠다고 약속
한 일에 함께하겠다고 동의하는 것이다.

# 120

## 진짜보다 더 진짜 같은

작가 스티븐 프레스필드는 이렇게 썼다.

> "당신과 나는 무슨 일을 하려고 이 지구상에 태어났을까?
> 다른 사람들에게 탤런트와 진정성의 복제품을 보여주기
> 위해 '진짜가 아닌(inauthentic)'것, 의도를 가지고 만든
> 것을 선보이기 위해서가 아닐까? 그게 바로 사람들이 '예
> 술'이라 부르는 것이며, 어떤 미친 방식으로도 진짜보다
> 더 진짜 같고, 진실보다 더 진실하다."

진짜보다 더 진짜 같고, 진실보다 더 진실하다. 이게 바로
우리가 찾는 진정성이다. 이게 바로 창작 활동이다. 무언가를
발견하는 게 아니라 발명하는 것이다.

진정성에 관해서 나는 스티브 프레스필드의 의견에 전적
으로 동의한다. 그렇지만 진정성은 우리가 몸을 숨길 수 있는

매우 좋은 장소가 되기도 한다.

꾸준히 일하며, 관객이 소비하는 동안 실제 같은 경험을 얻을 수 있는 진짜가 아닌 것, 즉 의도를 지닌 작품을 만들 때만 비로소 관객이 필요로 하는 것을 전할 수 있다.

'진짜가 아닌 것'이라는 표현이 언짢은가? 그게 바로 창의성의 신화를 만든 사람들이 우리를 얼마나 잘 세뇌해왔는지 보여주는 것이다. 진짜가 아닌 작품을 자랑스러워하며 만든 사람들에 대해서라면 할 말이 매우 많다. 우리는 그런 사람들을 전문가, 챔피언, 리더, 영웅이라고 부른다.

매일매일 진정성을 보이는 모습으로 매시간 일하는 건 힘들다. 다른 할 일도 있는데 말이다. 위험한 순간에 눈을 깜빡이지 않기도 어렵다. 비판 앞에서 참을성 있게 하던 일을 계속하기도 어렵다. 아니면 그저 규칙적으로 모습을 내보이는 것만도 어려운 일이다. 다만 그 모든 일이 **모두** 진정성에서 우러나와야 하는 것은 아니다. 우리가 그런 일을 하는 건 단기적으로는 진정성이 없다고 생각하지 않기 때문이다. 물론 장기적으로 어떤 일을 하는 건 선택사항이다. 어린아이가 짜증 내는 듯한 진정성을 바탕으로 하는 게 아니다.

진짜가 아니라는 건 효과적이고, 심사숙고했으며, 의도성을 지녔다는 뜻이다. 개인을 위하는 게 아니라 여러 사람을 위하는 것이라는 뜻이다.

그저 그렇게 일하는 사람은 진짜보다 더 진짜 같은 것을 만들 수 없다. 전문가만이 그런 길을 택할 수 있다.

# 121

# 의도적인 실행의 6단계

1. 누구를 위한 일인지 결정하라. 그들이 믿는 것, 두려워 하는 것, 원하는 것을 파악하라.

2. 당신이 일으키려는 변화가 어떤 것인지 설명할 준비를 하라. 적어도 당신 자신에게는 설명할 수 있어야 한다.

3. 변화를 만드는 데 전념하라.

4. 대상으로 삼은 사람들의 마음을 울릴 수 있는 작품을 선보여라.

5. 누구를 위한 일인지, 무엇을 위한 일인지 알고 있다면, 당신이 끼어들어 벌인 일이 성공적이었는지 결정할 수 있도록 지켜보아라.

6. 1부터 5까지를 반복하라.

# Chapter 5

## 슬럼프는 없다
## No Such Thing As Writer's Block

# 자격증이라는 장애물

자격증을 갖추지 않으면 그 누구도 쓸모 있는 작품을 만들 능력을 가질 수 없다는 생각으로 교육 산업은 성장했다.

물론 자격증이 꼭 필요한 분야도 있다. 나 역시 유튜브로 수술법을 배운 무릎 전문 외과의에게 수술을 받고 싶지는 않다.

하지만 한편으로 자신의 목소리를 내는 데, 흥미로운 문젯거리를 해결하는 데, 아니면 사람들을 이끄는 데 허가가 필요한 건 아니다. 가사를 쓰는 데, 지지자와 함께하는 데, 아니면 일에 책임을 지는 데도 학위가 필요한 건 아니다.

산업 시스템은 결과물을 꾸준히 유지하기 위해 자격요건을 만들었지만, 시간이 흐르면서 자격이란 건 장애가 되었다. 변화를 일으키려는 사람이 추구하는 일의 속도를 늦추는 것이다. 자격은 신호의 한 형태로, 정지 장치이자 다양성을 줄이는 방법이다.

많은 사람이 '○○인 것처럼' 행동하는 걸 어려워한다. 자격이 없는 사람을 일에서 배제하려는 힘 때문이다. 하지만 그런 시도는 계속 실패하고 있다.

당신이 존경하는 리더를 보라. 어떤 분야든 상관없다. 그러고 나서 어떤 자격증이 그 리더를 지금의 자리에 올려놓았는지 생각해보라. 석사 학위를 받기 위해 대학원에 진학하는 것보다 당신이 염두에 둔 일을 실제로 하면서 2년을 보내는 편이 훨씬 도움 된다.

# 123

# 명문대의 저주

유명 대학의 저주는 '유명 대학=좋은 대학'이라는 그릇된 믿음에서 시작되었다. 그러한 증거는 그 어디에도 없는데 말이다.

유명 대학은 복종과 희소성의 체제를 강화하고, 평판을 쌓기 위해 우리의 믿음과 협조를 구한다. 유명 대학이 이름을 널리 알릴 수 있었던 것은 그 대학들이 유명해지기를 우리가 원하기 때문일 뿐이다.

그런 욕망은 자격을 갖추려는 것과 같다. 유명 대학이라는 마법의 힘이 우리에게 사회적 지위와 권위라는 축복을 내려주어야 한다는 것이다.

혼자서 대학 축구팀을 시작할 순 없다. 하지만 즉흥 연기를 펼치는 극단이라면 어떨까? 한 친구가 아이비리그에 속한 대학에 가서 즉흥 연기 동아리에 지원했지만 합격하지 못했다. 그래서 연기를 포기했다.

즉흥 연기에 자격이 필요하다는 생각은 삶의 이야기에

고질적으로 박힌 편견일 뿐이다.

공부를 잘하는 아이들은 어린 시절부터 좋은 성적에 대한 개인적인 생각을 버리라고 배운다. 그저 시키는 대로 따르기만 하면 시험에서 선발되는 방식으로 보상을 얻는다고 배운다. 대다수 아이들이 생각하는 최고의 합격은 유명 대학의 입학 허가서를 받는 일이다(아니면 앞서 말한 유명 대학에 속한 즉흥 연기 동아리의 오디션을 통과하는 일이거나 말이다).

이처럼 외부로부터의 승인과 권한을 바라게 되면 자신에 대한 믿음이 약해진다. 왜냐하면 믿음의 근원을 자신이 아니라 대학에 넘겨주었기 때문이다.

하지만 이제 점점 많은 사람이 대학의 유명세가 사기라는 걸 알아차리고 있다. 유명 대학에 마법의 힘 같은 건 없다. 그런 대학들은 변화를 일으킬 만큼 마음을 써 노력하는 사람을 고르고, 키우며, 늘릴 능력이 없다는 걸 자주 보여주고 있기 때문이다.

## 124

# 몸을 숨길 완벽한 장소

우리가 몸을 숨길 장소로, 자격이 없다는 변명을 열심히 하지 않았다면, 자격이란 건 지금과 같은 힘을 갖지 못했을 것이다.

결국, 뽑히지 않으면 남을 위해 나를 희생할 수도 없다.

그리고 자격을 얻기 위해 지원하거나 비용을 댈 방법이 없다면 거절을 당할 일도 없다. 자신이 이미 거절했기 때문이다.

오즈의 마법사가 허수아비에게 학위를 수여했을 때, 허수아비는 이미 가지고 있던 것 외에 따로 받은 건 아무것도 없었다. 학위 수여증이란 문서는 외부로부터의 불필요한 승인이었고, 그건 그저 허수아비가 아마도 스스로 찾을 수 있었던 자기 신뢰를 얻는 데 도움을 준 것뿐이었다.

# 솔깃한 변명거리

꼭 자격이 아니더라도 우리의 발목을 잡거나 우리를 멈추게 하는 것이라면 그것은 좋은 변명이 된다. 프랙티스를 방해하고 우리가 만드는 작품의 진실을 피하게 하는 것이라면, 적어도 효과적인 변명은 된다. 변명의 진실은 중요하지 않다. 효과가 있기만 하다면 말이다.

솔깃한 변명거리를 내세우지 않는 사람을 찾고 싶다면, 차이를 만들어낸 사람을 찾아보라. 그런 사람은 주의를 분산시키거나 실망하게 하는 (잘 만들어진) 이야기에 속지 않는다.

그들이 얼마나 정당한지와 상관없이 변명거리를 무시하며 바른길로 돌아와 자신이 해야 할 일을 하는 이들이다.

# 가짜 전문가 vs 진짜 전문가

자격의 함정을 피하면 가짜 전문가로 향하는 문이 열린다. 자격증이 필요하지 않다면, 모든 사람이 영향을 줄 수 있으며 어떤 일도 할 수 있는 거라면 그저 그렇게 일하는 사람이나 사기꾼도 중요한 일을 맡게 되는 건 아닐까?

내 생각은 그 반대다. 자격요건 때문에 우리는 실제 전문가가 누구인지 잘못된 확신에 끌리게 된다. 학위를 가졌다는 사실이 통찰력과 경험이 있다거나 책임져야 할 일이 있다는 뜻은 아니다. 학위가 있다는 건 종이 한 장을 받았다는 것뿐이지, 일에 마음을 쓰고 있다는 의미는 아니다.

오늘날에는 그 어느 때보다 행동이 중요하다. 우리는 사람들의 작품을 볼 수 있고, 그들의 말을 들을 수 있으며, 그들의 의도를 이해할 수 있다.

나아가 우리는 자격을 넘어설 수 있고, 사람들이 미치는 영향을 실제로 볼 수 있다. 우리는 일련의 작품을 만들 수 있으며 우리가 줄 수 있는 영향력을 이해하는 사람들의 모임을 만들 수 있다.

당신에게 사기꾼이 되라거나 사기꾼을 따르라는 소리를 하는 게 아니다. 그저 변화를 만드는 데 필요한 진짜 전문성을 쌓는 길고 긴 과정에 참여할 기회를 잡으라는 것이다.

# 127

# 스티브 발머의 실수

콜롬비아대학 교수 스티븐 게리 블랭크는 마이크로소프트 CEO 스티브 발머가 빌 게이츠로부터 마이크로소프트 최고경영자 자리를 물려받은 즉시 몇 년에 걸쳐 회사를 망치기 시작했다고 지적했다.

뛰어난 재무적 성과를 보여주기는 했으나, 스티브 발머는 21세기에 가장 중요한 5가지 기술 트렌드를 이해하고 실행하는 데 실패했다. 검색엔진 사업은 구글에 졌고, 스마트폰 사업은 애플에 밀렸으며, 모바일 운영 체제 사업은 구글과 애플에 무릎 꿇었고, 미디어 사업은 애플과 넷플릭스에 자리를 내줬으며, 클라우드 사업은 아마존에 패배했다.

어떻게 그렇게 꾸준히 사업 기회를 놓칠 수 있었을까?

이유는 간단하다. 마이크로소프트가 잘하는 사업에만 집중했기 때문이다. 회사의 핵심 역량을 방어하기 위해 조직을 짜고, 그저 능숙한 일만 하는 조직을 만들었다. 마이크로소프트는

20세기에 최적화된 조직이었지만, 실패를 두려워하지 않는 사람들에게 21세기의 사업을 넘겨주었다.

거대 기업의 최고경영자도 앞길이 막혀 있다고 믿는 길을 취사선택할 수 있다. 물론 막혀 있는 길 같은 건 없다. 창의성을 발휘하는 건 선택의 문제이기 때문이다.

실수를 피하는 데 초점을 맞추고, 결과물을 통제하려 지나치게 애쓰는 바람에 스티브 발머는 과정을 버렸다. 그래서 회사 전체의 앞길을 막는 길을 택하고 만 것이다.

# 128

# 모든 걸 바꿀 필요는 없다

우리가 하는 일 가운데 대부분은 주변 사람들을 안전하다고 느끼게 하거나 그들이 우리를 신뢰하도록 만들거나 아니면 다른 일을 하기 위한 기초를 쌓기 위한 것이다.

"무엇을 위한 일인가?"라고 물으면, 아마 "항상 이렇게 해왔기 때문입니다."라는 대답이 따를 것이다. 자신이 만든 변화에 만족한다면, 같은 결과를 얻기 위해 같은 일을 반복하는 것이 가장 올바른 계획이다.

요리사는 식당 주방에서 나가는 음식이 무엇을 의미하는지 그 의미를 안다면, 뛰어난 요리를 만들 가능성이 크다.

시카고의 요리사인 일리아나 레건은 6년 연속 미슐랭 별을 받았다. 일리아나 레건과 그녀의 아내 안나 햄린이 새로운 종류의 레스토랑을 열기 위해 미시간주 시골로 이사하기로 결정했을 때, 그들은 새로 만든 사업장을 레스토랑이라 부르면서도 전통 여관inn의 기능을 더했고, 미슐랭의 별을 단 레스토랑에서 돈을 쓰는 데 익숙한 부류의 손님들을 대상으로 꾸리는 게 영업하기 가장 쉬운 방법이라는 걸 깨달았다.

새로운 사업이 그 기대와 맞아떨어졌기 때문에 그들은 가격, 위치, 메뉴 등의 관례를 깰 수 있었다. 그들의 레스토랑 메뉴는 흔한 동네 식당의 메뉴라기보다는 세계 최고로 꼽히는 레스토랑 노마의 셰프, 르네 레드제피의 메뉴와 비슷했다.

모든 걸 바꿀 필요는 없다. 사실, 모든 걸 바꿀 수 없는 가능성이 더 크다.

# 슬럼프는 미신이다

슬럼프는 근거 없는 믿음에 불과하다.

슬럼프는 선택의 문제이다.

슬럼프는 진짜 나타난다. 하지만 전부 만들어진 것이다.

그렇다고 해서 슬럼프 현상이 진짜가 아니란 건 아니다.

예를 들어, 중력은 만들어진 게 아니다. 그래서 누구나 같은 방식으로 경험한다. 하지만 슬럼프는 만들어진 것이다. 거미 공포증도, 점성술에 대한 믿음도, 발표하기 전에 느끼는 자신감도 마찬가지다.

왜냐하면 그런 현상은 늘 변하기 때문에 만들어진 것이라는 걸 알 수 있다. 사람마다 다르고, 시기마다 다르다. 그런 건 만들어진 이야기이다.

그러나 이야기는 진짜다. 그리고 변할 수 있다.

자신의 이야기가 그다지 효과를 발휘하지 못하면, 더 좋은 이야기를 만들어 그 자리를 대신하면 된다.

# 확실한 것은 없다

많은 걸 걸어야 하는 시장에서는 올바른 선택을 요구한다. 매번 말이다.

조립라인에서 실수를 저지르면 일자리를 잃는다.

은행에서 실수하면 끝이다.

회의 중에 잘못된 발언을 하면 해고당한다.

우리가 만들려는 세상은 아직 존재하지 않고, 올바른 답이란 없다. 어떻게 해야 하는 일인지 알았다면 이미 했을 것이다.

창의성을 발휘하기 위해서는 개척자가 되어 일해야 하고, 다음으로 도래할 무언가를 발명해야 한다. 여기에는 각본이나 사용설명서 같은 건 없다.

그래서 확실성이란 걸 찾기 힘들 수밖에 없다. 확실히 알 수 있는 게 없기 때문이다. 확실한 걸 찾기 힘들다는 건 문제되지 않는다. 그건 벌레도 아니고, 박멸할 대상도 아니다.

불확실성이야말로 의미 있는 부분이다.

# 무한에 가까운 실패

재즈 록 밴드 가수 스틸리 댄의 음반은 여전히 팔리고 있고, 그들이 속한 분야에서도 그들의 음악은 계속 거론된다. 40년도 더 된 과거에 최고의 작품을 선보였던 그들은 이제 명밴드가 되었다.

스틸리 댄의 멤버 베커와 페이겐은 수년 동안 공연을 거부한 것으로 알려져 왔다. 그들은 공연 대신 스튜디오에서 뮤지션들과 함께 음악을 만들고 연주했다. 그러고 나서 수개월에서 수년에 걸쳐 녹음한 곡이 반짝반짝 빛날 때까지 다듬었다. 완벽의 기준을 세우는 일이었다.

위대한 작품을 만들려면 이처럼 완벽주의를 따르는 것만이 유일한 길이라고 생각하기 쉽다. 그런데 지금도 여전히 음반 순위에 이름을 올리는 가수가 누구인지 알고 있는가? 록 가수 브루스 스프링스틴, 싱어송라이터 겸 배우 조니 캐시, 싱어송라이터 아레사 프랭클린 같은 가수와 그룹으로는 록 밴드 가수

제퍼슨 에어플레인이 있다. 그래미상을 받은 적은 없는 예술가들이다. 사실 이들은 일종의 개인적인 진정성을 만들어냈고, 음악에 지나친 광택을 입히는 것을 오히려 결점으로 보았다.

지난 20년 동안 스틸리 댄의 공연 투어가 성공적이었다는 걸 나는 이해할 수 있다. 그들의 라이브 공연은 앨범의 제작 가치와 비교할 수조차 없다. 사람들이 스틸리 댄의 라이브 공연에 가는 가장 큰 이유이다.

결함을 찾고 명백한 실수를 바로잡는 건 음악을 하기 위해 치러야 할 대가이다. 하지만 그 위를 덮어 몇 번이고 갈고 닦는 건 관객을 위한 서비스가 아니라 단순한 완벽주의일 뿐이다.

**우리가 하는 일은 실패를 바탕으로 삼는다.**

과정을 따르려면 개척자의 삶을 살아야 한다. 개척자는 새로운 스킬을 배우고, 새로운 관객을 찾아 나서며, 기존의 관객을 위해 새로운 마법을 만든다. 하나의 접근법이나 스킬을 완벽하게 익히자마자 더욱 강력한 새로운 방법을 찾아 다시 처음부터 시작한다.

하지만 새로운 방법을 찾을 유일한 길은 바른 방향으로 가는 도중에 틀릴 준비를 하는 (심지어 틀리기를 바라는) 것이다.

닌텐도는 화투 제조 업체였다. 스타벅스는 매장에서 잘

팔릴 음식을 정하는 데 연거푸 실패했다. 어도비가 선보인 소프트웨어 제품 가운데 인기를 얻지 못한 제품은 수백 개나 된다.

개별 창작자도 마찬가지이다. 코미디언 제리 사인펠드의 삶을 무대로 옮긴 미국 드라마 '사인펠드'를 보면, 그 작품을 명작의 반열에 올린 뛰어난 회차와는 비교할 수 없는 내용의 회차들이 전 시즌에 걸쳐 나온다. 당신이 좋아하는 모든 작가들은 당신이 그다지 좋아하지 않을 법한 책을 적어도 한 권씩은 냈다.

프랙티스를 하는 건 변화를 만들기 위해서이지만, 그 과정에는 독창성(originality)이 필요하다. 프랙티스는 꾸준히 해야 하지만, 그 **꾸준함은 의도의 일관성**을 뜻하는 것이지, 실행 방법의 일관성을 뜻하는 건 아니다.

프랙티스에 전념하는 모든 창작자는 길고 긴, 거의 무한에 가까운 실패를 거듭한다. 글을 쓰는 것을 시작하지 못하는, 전구를 발명하지 못하는, 관계를 변화시키지 못하는 모든 길을 걷는다.

창의적인 리더는 실패를 반복하고, 반복한다. 그게 우리 일의 바탕이 된다. 우리는 실패하고, 그 실패를 수정하고, 그러고 나서 다시 시도하는 것이다.

## 그녀의 핸드백에 들어 있던 돈뭉치

2015년 케네디 센터 헌정공연에서 수상자인 아레사 프랭클린의 공연에 기타리스트 제임스 테일러부터 가수 자넬 모네까지 올스타 군단이 참여했다.

그리고 그 무대 위에는 아레사 프랭클린의 핸드백이 놓여 있었다. 노래가 끝났을 때 제임스 테일러가 그녀를 도우려고 몸을 숙여 핸드백을 주워 주었다. 하지만 아레사 프랭클린은 제임스 테일러를, 말 그대로 밀어냈다.

핸드백 안에는 무엇이 들어 있었을까?

아레사 프랭클린은 힘들게 음악 산업에 대해 배웠다. 1960~1970년대에는 예술가, 특히 유색 인종 여성인 예술가에게는 공연을 했다고 해서 늘 돈이 주어지는 게 아니었다. "나중에."라는 말은 "절대 주지 않겠다."는 뜻이었다.

그래서 그녀에게는 무대에 오르기 전, 출연료를 현금으로 미리 받는 습관이 생겼다. 핸드백에 넣은 출연료와 함께 무대에 오르는 것이다.

아레사 프랭클린의 이러한 습관은 하나의 내러티브(narrative)가 되었다. 수십 년이 지나 그녀의 위상과 음악 산업계도 바뀌었지만, 그녀의 내러티브는 변하지 않았다. 아마도 중개인(변호사 포함)을 두려워하는 마음에 그녀는 정식 유언장도 남기지 않았던 것이리라. 정식 유언장이 없었던 탓에 사후 그녀가 남긴 재산을 두고 진흙탕 싸움이 벌어졌다.

우리는 누구나 자신의 내러티브를 가지고 있다. 누구를 믿어야 할지 또는 다음에 어떤 일이 일어날지, 혹은 일을 어떻게 처리해야 할지에 관한 것이다.

프랙티스는 그런 내러티브를 다듬어, 우리가 가려는 장소로 가는 데 도움이 되는 무언가를 만들어준다.

## 133

# 슬럼프는 내러티브의 부작용

우리의 이야기는 세상이 어떻게 작동하고, 그 안에서 우리의 역할은 무엇이며, 다음으로 어떤 일이 일어날 것인가에 관한 것이다. "나는 비관주의자이다."라는 일반적인 이야기나 "나는 빨강머리여서 그 누구도 나를 선택하지 않았다."라는 특정한 이야기가 될 수도 있다. 이야기는 누군가에게는 답답한 직장을 붙잡고 있을 수밖에 없는 불충분함에 관한 내러티브이고, 또 다른 누군가에게는 필요 없는 성형 수술을 하려고 하는 외모에 관한 내러티브이다.

내러티브는 우리의 선택, 우리의 노력, 그리고 무엇보다 문화에 차이를 만들려는 우리의 능력에 영향을 준다. 내러티브는 우리가 주변 세상을 해석하는 데 사용하는 틀이다. 이제 당신의 내러티브에 관해 2가지 질문을 던져 본다.

• 당신의 내러티브는 세상에서 실제 일어나는 일과 긴밀

하게 연결되어 있는가? 예를 들어, 만일 어떤 일이 일어날지 전전긍긍하고 있는데, 그 일이 절대 일어나지 않는다면 그건 당신의 오산이다. 만일 당신의 작품이 멋지다고 믿고 있지만, 작품으로부터 영향을 받으려는 사람이 아무도 없다면, 다시 한번 말하지만, 세상에 관한 진실한 이야기를 작품에 담지 못한 것이다. 여기 간단한 테스트를 소개한다. 다음의 질문을 던져 보라. "성공한 다른 사람들도 이런 내러티브를 가지고 있을까?"

• 당신의 내러티브는 잘 작동하는가? 당신이 목표를 달성하는 데 도움이 되고 있는가? 묻는 이유는 내러티브는 목표 달성을 도와주기 위해 있는 것이기 때문이다.

만일 내러티브가 방해된다면, 당신의 기대에 맞춰 바깥 세상을 바꾸려 애쓰는 대신 내러티브를 바꾸는 편이 도움이 될 것이다.

당신도 이미 짐작하고 있겠지만, 슬럼프는 내러티브의 부작용이다. 물리적이거나 실제적인 것도 아니다. 그저 우리가 나 자신에게 하는 이야기일 뿐이다. 바로 이 이야기가 일과 관련한 나쁜 습관 그리고 끊임없는 두려움을 불러오는 것이다.

# 그는 '시작'을 시작한다

멕시코에서 활동하는 건축가 알레한드로 데 라 베가 줄루에타는 고층 아파트를 잘 짓기로 유명하다. 아파트를 지으려면 아주 많은 제한 사항이 있는 데다 유용성이 매우 중요하기 때문에 건축물에 독창성을 부여하는 건 어려움의 연속이다.

그러나 그는 창의력뿐 아니라 무언가를 새롭게 지어내는 것으로도 유명하다. 일하는 데 막힘이 없도록 그는 기하학적 모양의 그림으로 그리는 것으로 시작한다. 그러고 나서 그린 그림을 스캔해 인쇄한 다음 삼차원 패널로 만든다. 그는 끝을 목표로 하고 시작하는 게 아니라 '시작'을 시작한다.

우리가 움직이고 있을 때는 멈추기가 어렵다. 그날 아침, 마음속으로 생각했던 방향으로 움직이고 있는 게 아니더라도 말이다.

# 무한 게임

무한 게임은 이기기 위해 하는 것이 아니라 게임에 참여하기 위해 하는 게임이다. 종교학자 제임스 카스가 이런 이름을 붙였지만, 그 개념은 명명되기 전부터 우리 주변에 있었다. 컨설턴트 사이먼 사이넥이 이를 주제로 《무한 게임(The Infinite Game)》이란 책을 썼다. 무한 게임은 뒷마당에서 4세 아들과 함께 하는 캐치볼이다. 이때는 이기기 위해 하는 게 아니다. 그저 아들과 캐치볼을 하려고 게임을 하는 것이다.

우리 인생에서 가장 중요한 부분은 이긴다는 상상을 할 수 없는 게임들로 이루어져 있다.

과정은 무한하다. 우리가 그럴 거라고 믿는다면 말이다. 우리가 인생의 게임에 참여하는 건 이기기를 바라고, 그래서 게임이 끝나기를 원해서가 아니다. 수잔 케어는 맥북의 마법 같은 아이콘을 디자인한 후에도 일하기를 멈추지 않았다. 다른 형태의 디자인을 다양한 미디어를 통해, 다양한 유저들을 위해 열심히 선보였다.

게임을 계속하기 위해서는 게임에 참여해야 한다.

매 걸음은 우리가 계속되기를 희망할 수밖에 없는 여정에서의 움직임이다. 무한 게임에는 승자도, 패자도 없다. 제한 시간도, 점수판도 없다. 그저 게임에 계속 참여할 수 있도록 나 자신을 믿는 것뿐이다.

# 136

# 당신의 가능성과 경쟁하라

뉴욕 마라톤 대회에는 대략 5만 2,000명의 마라토너가 참가한다. 그중 적어도 5만 1,000명은 마라톤 대회에서 우승할 가능성이 전혀 없다. 가장 먼저 결승점에 도달했다는 결과를 우승으로여기는 희소성의 개념에서 생각한다면 말이다.

마라톤은 경쟁하는 운동이 아니라 협동하는 운동이다. 누구도 다른 사람을 팔꿈치로 밀거나 그들의 노력을 고의로 방해하지 않는다. 왜냐하면 마라톤에서는 다른 선수가 아니라 자신의 가능성과 경쟁을 벌이기 때문이다.

마라톤 선수들이 1년간 이른 아침에 혼자 달리는 것, 그들을 지원해주는 사람들, 그리고 마라톤 선수들이 쏟는 꾸준한노력을 우리는 보지 못한다.

이게 바로 작가들이 다른 작가의 책에 추천의 글을 쓰는이유다. 창작 행위란 내게만 있고, 다른 누구에게도 없는 희소한 내용이 아니다. 창작 행위에는 세상에 풍부하게 존재하는 무언가를 다른 창작자들과 열심히 나누려는 마음이 포함되어 있다.

애플의 최고경영자 팀 쿡이 삼성전자의 휴대폰을 추천하는 모습은 상상하기 어렵다. 그건 애플이 아이디어를 확산하거나 긍정적인 변화를 일으키려는 게 아니라 시장을 독점하고자 하기 때문이다. 애플은 주가를 올려야 하는 사업을 하고 있으며, 그 외의 모든 건 그저 주가를 올리기 위한 전술일 뿐이다.

**137**

# 지치지 않는 훈련은 없다

마라톤을 뛰면 당연히 지치기 마련이다. 마라톤 코치를 영입해 "마라톤을 뛸 때 지치지 않는 훈련을 받고 싶어요."라고 말한다면, 그건 말도 안 되는 소리다.

마라톤을 완주하는 사람과 완주하지 못하는 사람의 유일한 차이가 있다면, 그건 완주자는 피로감을 어떻게 감당해야 하는지 알고 있다는 점이다. 우리가 하는 일에서도 마찬가지다.

창작 활동을 하는 사람은 저항감을 느낀다. 독창적인 것을 만들고, 세상에 선보이는 일에 진지한 노력을 기울이는 모든 사람은 두려움을 느낀다. 이것은 물어볼 필요도 없다.

우리가 던져야 할 질문은 이것이다.

우리는 그러한 두려움을 어떻게 감당할 것인가?

# 138

# "네, 그리고 나는 어떻게든 할 겁니다."

즉흥 코미디는 손에 땀을 쥐게 한다. 안전망 없이 뛰어오르는 일이며, 계산되지 않은 자유낙하로 시계는 똑딱거리고 두려움은 커지는 가운데 2명 혹은 그 이상의 사람들이 춤을 춘다.

즉흥극 팀(팀이 있어야만 가능한 연기다. 팀은 무한 게임에 참가한 선수들이다)은 대화라는 공을 주거니 받거니 던진다. 그러면서 아무것도 없는 곳에서 무언가를 짜내 긴장감을 끌어올린다.

차나 핼펀과 델 클로즈는 현대 즉흥 연기의 개척자이다. 즉흥 연기를 할 때, 그들의 첫 번째 규칙은 "아니오."라는 대답으로 분위기를 망치는 말이라는 것이다. 자신의 차례가 되면 대답은 항상 "네. 그리고…."가 되어야 한다.

앞을 향하는 움직임만이 우리가 관심을 가지는 유일한 움직임이다. 대화의 순서가 내게 넘어왔고, 대사를 해야 한다고 가정해보자. 공간에 가득 찬 긴장감, 그리고 나서 "네. 그리고…."라는 대답과 같이 행동한다. "맞아요. 내 차례가 왔네요. 그리고 나는 어떻게든 할 겁니다."

자아가 드러날 때, 변화의 에너지를 공유하지 않고 통제하려 할 때, "아니오."라고 대답하고 싶어진다.

"아니오, 당신이 잘못한 겁니다."

"아니오."라는 대답은 가능성이 사라지는 바로 그 순간 나타나는 말이다.

"아니오."라는 대답은 통제권을 다시 찾으려는 시도이지만, 그건 과정을 포기하고 결과물을 따르겠다는 의미이다.

# 139

# 두려움을 인정하라

즉흥극에서 얻을 수 있는 교훈은 불확실성의 힘과 슬럼프는 불합리한 생각이라는 점을 인정해야 한다는 것이다. 즉흥극은 내용이 계속 변하기 때문에 슬럼프 따위는 없다. 그래도 여전히 그저 그런 즉흥극이 있다. 자아가 통제권을 찾으려 하기 때문이다. 그러면 두려움이 생기고, 사람들은 벽을 쌓으며 과정을 따르기를 멈춘다. 자아를 진정시키고, 두려움을 인정하면, "맞아요. 그리고…"라고 답할 수 있게 된다.

　　다음은 델 클로즈나 차나 핼펀과 함께 즉흥극을 연구했던 사람들의 일부이다. 영화배우 에이미 포엘러, 에이미 세다리스, 빌 머리, 댄 애크로이드, 길다 래드너, 해롤드 래미스 등이 훌륭한 코미디언이 될 수 있었던 이유를 설명하는 2가지 이론이 있다. 첫째는 원래부터 정말 재미있는 사람들이 시카고로 가서 즉흥 연기 훈련을 받았다는 것이다. 하지만 나는 두 번째 이론이 더 타당하다고 생각한다. 두 번째는 바로 이들이 충분한 관심을 쏟으면 과정을 통해 사람들을 웃길 수 있다는 사실을 이해했다는 점이다. 일을 완벽하게 처리하고 있는 건지 걱정하는 것을 멈추면 그 시간에 과정에 좀 더 집중할 수 있다. 미국 예능 '새터데이 나이트 라이브' 쇼가 밤 11시 30분에 방송을 시작하는 건 공연 준비가 끝났기 때문이 아니다. 밤 11시 30분이 되면 쇼가 시작되는 것이다.

창의적인 사람이라서 작품을 선보이는 게 아니다. 작품을 세상에 선보이기 때문에 창의적인 사람이 되는 것이다.

# 140

# 밤 11시 30분이 되었다

사람들은 약속을 지키는 걸 좋아한다. 약속을 지키는 습관이 없다면 성공해도 행복한 사람이 되기 어렵다. 그런데 약속 중에도 특히 하기도 (지키기도) 어려운 약속들이 있다.

사람들은 "쇼는 11시 30분에 시작할 겁니다."와 같은 약속을 할 때 주저한다. 마감 시간을 지킬 수 있을지 확신할 수 없고, 이에 더해 어떻게든 쇼를 시작하는 건 결과물을 통제하려는 게 아닌가 싶기 때문이다.

하지만 우리는 때로 어찌 됐든 약속을 하고야 만다.

잠재의식은 강력하다. 책의 마감일이 있다든가, 브레인스토밍 시간이 시작된다든가, 내일 벤처캐피털 회사에 사업을 홍보해야 한다든가 등 우리에게 약속이 있다는 걸 잠재의식이 알게 되면, 그 약속을 지킬 수 있도록 잠재의식은 평소보다 더 많은 일을 한다.

닻은 우리를 끌어내린다. 그게 닻의 역할이다.

하지만 창의적인 사람에게 닿은 신호등이기도 하다.

신호등의 불빛을 따라 그들은 억척스레 나아간다.

만반의 준비가 되어서 앞으로 나아가는 게 아니다.

밤 11시 30분이 되었으니 어쨌든 가는 것이다.

약속했으니 말이다.

중요한 건 과정이지 결과물이 아니다.

이것이 바로 프랙티스의 핵심이다.

# 141

# 따뜻한 비판

작품을 세상에 선보이면, 시장에서 반응한다. 우리는 이 반응을 '비판'이라 부른다.

사람들은 비판을 두려워한다. 작품이란 개인적인 것으로, 그런 작품을 좀 더 많이 만들고 싶기 때문이다. 그리고 무엇보다 내가 위하고 싶은 사람들에게 변화를 일으키고자 작품 활동을 하는 것인데, 비판은 그러한 목적을 달성하는 데 실패했다는 징후이기 때문이다.

사람들은 궁금해한다. '모든 사람이 내 작품을 전적으로 좋아한다면, 정말 좋지 않을까?' 비판을 받으면 무엇보다 안 좋은 점은 그로 인해 과정이 아닌 결과물을 떠올리게 된다는 것이다. 비판을 받으면 우리는 과정에 대한 노력에서 벗어나고 만다.

특히 사람들이 온라인에서 공유하는 비판은 대부분 쓸모없거나 몹시 해롭기까지 하다. 대부분 작품이 아닌 창작자 개인에 대한 비판인 경우가 흔하기 때문이다. 그리고 그런 비판가들은 특별한 훈련을 받지 않은 사람들인 데다, 창작자가 더욱 잘 되기를 바라는 마음에서 비판하는 게 아니기 때문이다.

나는 7년 전부터 아마존에 올라온 내 책의 후기를 읽지 않고 있다. "별점 1점 후기까지 모두 읽고, 내 작품은 훨씬 더 좋아졌어."라고 말하는 작가는 1명도 만나보지 못했다.

익명의 괴물들이 하는 이야기는 들을 필요 없다. 그리고 우리가 만드는 종류의 작품을 원하지 않는 사람들이 하는 비판에 대해서도 전혀 걱정하지 않아도 된다. 그건 우리가 위하려는 사람이 아니라는 걸 선언하는 소리일 뿐이다.

하지만 따뜻한 비판이라면? 값을 매길 수 없을 정도로 귀중하다. 따뜻한 비판을 해주는 사람은 시간을 들여 작품을 평가하고, 창작자의 의도를 이해한 뒤에 목소리를 낸다. 이들은 우리의 여정에 동참할 준비가 되어 있고, 우리가 데려가려는 곳에 함께 가려는 마음이 굴뚝같다.

즉, 그들의 비판으로부터는 배울 점이 있다는 뜻이다. 그리고 이 역시 과정의 일부인 셈이다.

# 142

## "이렇게 하면 제가 받아들이기 더 쉬울 것 같습니다."

따뜻한 비판가는 방금 당신에게 실마리를 주었다. 효과 있을지 모를 내용을 말해준 것이다. 아마도 본인을 위해, 그리고 자신과 비슷한 사람들을 위해서 말이다.

좋은 비판가라면, 창작자를 저격하지 않고 비판한다. 창작자의 동기, 능력, 판단에 의문을 품지 않는다. 단순히 작품에 관해 이야기할 뿐이다.

"그 작품을 받아들일 수 없지만, 이렇게 하면 제가 받아들이기 더 쉬울 것 같습니다."

"감사합니다."

## 143

# 별 2개를 준 독자 서평

아마존에 올라온 넬 프로이덴버거의 소설 《로스트 앤 원티드 (Lost and Wanted)》의 후기는 근본적으로 도움이 되지 않는다. 그중에는 "책에 과학적인 내용이 너무 많이 나온다."며 비판하고는 별 2개를 준 후기가 있었다. 그 책은 물리학자가 주인공인 공상과학 소설로, 독자들은 감동적이면서 친숙한 이야기라고 격찬을 보냈으니 그런 후기에는 신경 쓰지 말자.

이 외에도 별 2개의 후기가 또 있다. 이번에는 자신이 '학계에 있는 물리학자'라고 주장하는 사람이 쓴 비판인데, 그가 별 2개를 준 이유는 과학적인 내용이 충분히 담겨 있지 않아서라고 했다.

이런 비판가들이 남기는 후기에는 자신의 이야기는 많지만, 책에 관한 것은 별로 없다. 그래도 한 측면에서 그들은 도움된다. 이 책과 비슷한 유의 책을 좋아하는 사람들에게는 이 책이 안성맞춤이라는 점이다.

그리고 그렇지 않은 사람들에게는 "당신을 위한 책이 아닙니다."라는 걸 분명하게 알려준다(이런 비판으로부터 우리가 실제로 배우는 건 도서 마케터가 책에 걸맞은 독자를 찾는 일을 잘했는지의 여부이다).

누구를 위한 작품인지, 무엇을 위한 작품인지 일관되게 생각하고 있다면, 분명하게 말할 수 있다.

"이것은 당신을 위한 작품이 아닙니다."

# 144

# 야유를 찾아 나서는 일

샘 레이미는 동 세대에서 가장 성공한 영화감독이다(그의 작품으로는 '스파이더맨', '이블 데드' 등이 있다). 그는 십 대에 만든 작품뿐 아니라, 영화 아카데미에 가서 만든 작품 또한 유료 관객에게만 공개했다.

"50센트건 1달러건 금액은 중요하지 않습니다. 얼마든 관람료를 낸다면요." 그는 일찍부터 유료 관객이 영화에 더 관심을 가지고, 더 많은 요구를 한다는 걸 알았다.

그의 영화는 몇 번이고 야유와 조롱을 받았다. 관객들은 돈을 냈으니 야유할 권리가 있었다. 그래서 그는 편집실로 돌아가 더욱 열심히 영화를 편집했다. 무서운 장면은 더 무섭게 만들고, 재미있는 장면은 더 재미있게 만들었다. 그리고 그런 작업을 계속 반복했다.

곧 샘 레이미는 스스로 자랑스럽게 여기는 영화를 만들어냈다.

그에게 있어 어느 부분이 가장 힘들었을까? 아마도 야유를 찾아 나서는 일이었을 것이다.

# 145

# 1,000명의 골수팬

출판인 케빈 켈리는 1,000명의 골수팬이 가져오는 경제력과 예술적 자유에 관해 알려주었다. 당신을 위해 차를 타고 달려 와줄 팬, 당신의 작품을 위해 미리 돈을 내줄 팬, 크라우드 펀딩 사이트 패트리온에서 당신을 후원하는 그런 팬이다. 당신을 집에서 재워주거나 당신의 작품 활동을 위해 1년에 일정 금액 돈을 쓰는 그런 팬이다.

1,000명의 골수팬이 있으면 1명의 예술가는 잘 지낼 수 있다. 문제는 창작가 대부분에게는 팬이 채 10명도 되지 않는다는 점이다.

가족과 친구들(이들에게는 선택권이 없다)을 제외하면, 실제 팬이 생기기까지는 커다란 공백이 있다. 그래서 관습에 따라야 한다는 압박과 야유를 피하고픈 마음으로 창작자들은 팬을 얻을 수 있는 가치가 있는 작품 활동을 멀리하고 만다.

골수팬은 별난 점을 원한다. 고유한 무언가를 찾는다. 만일 골수팬이 음악 차트 Top 40이나 그런 유에 이름을 올리는 창작자를 원한다면, 당신이 아닌 사람을 찾는 게 훨씬 쉬운 일이기 때문이다.

# 146

## 후회하기 싫다는 이유로 매달려 있는가?

이미 작품에 쏟은 시간은 사라졌다. 작품에 투자한 돈 역시 모두 사라졌다. 우리는 이것을 매몰비용이라고 부른다. 로스쿨에 다니며 보낸 시간, 소설의 초고를 쓰는 데 걸린 시간, 이런저런 티켓이나 자산을 불리는 데 사용한 돈 등이 여기에 해당한다. 그러나 사실 이런 매몰비용은 선물이다. 과거의 내가 현재의 나에게 주는 선물 말이다.

영화 '소일렌트 그린'의 원작자인 해리 해리슨은 외계에서 온 바이러스에 관한 공상과학 소설을 쓰는 데 1년이란 시간을 바쳤다. 그가 이 원고를 출판사에 보내기 몇 주 전, 작가 마이클 크라이튼이 《안드로메다 스트레인》이라는 소설을 출간해 엄청난 인기를 끌었다.

해리 해리슨의 책은 온전히 독창적으로 쓴 작품이었지만 이제는 복제판에 지나지 않게 되었다.

결국, 그는 출판사에 원고를 보내지 않았다. 과거의 자신이 보낸 선물을 받고 싶지 않았기 때문이다. 물론 해리 해리슨에게 책의 완성본이 있었지만, 만약 책을 출간한다면 다음 한 해 동안 그의 책은 모방작이 아니라는 항변과 동시에 책을 홍보하며 보내야 할 터였다. 그건 자신의 경력에도, 독자들에게도 도움 되지 않을 일이었다.

"괜찮습니다. 감사해요."

해리 해리슨이 그 책에 쏟은 시간과 노력은 모두 사라져 버렸다. 책을 내든, 내지 않든 사라진 것이다. 하지만 이제 그에게는 새 작품에 투자할 새로운 시간과 노력이 있다. 이 시간과 노력을 기존의 프로젝트에 투자하는 대신(낭비되고 말 일이다), 그는 과거의 자신에게 이렇게 말한 셈이다.

"괜찮아, 고마웠어. 하지만 이제 나는 다른 작품을 시작해야겠어."

프랙티스를 발전시키는 중에 미래의 나에게 닿지 못한다면 품위 있게 물러나면 된다. 관객과 신뢰를 쌓으려 정말 열심히 작품을 만들었지만, 관객이 생각하는 비전과 나의 비전이 맞지 않다는 게 분명해지면, 그만 잊고 다음 단계로 나아가야 한다.

매몰비용을 포기할 때 후회스러운 감정이 들어도 괜찮

다. 후회하기 싫다는 이유로 매달려 있는 게 오히려 실수를 저지르는 일이다.

# 147

# 매몰비용 무시하기

미국 리얼리티쇼 '샤크 탱크'에서는 기업가와 자신감 넘치는 심사위원들을 나란히 두어 긴장감을 조성한다. 기업가는 심사위원들 앞에서 자신의 사업 아이템을 소개한다. 실제로 진행되는 사업 아이디어로, 프로젝트가 이미 진행 중이다. 기업가 개인의 일이며 상황은 시급하다. 반면, 심사위원단은 즉흥적인 제안을 던지며 사업 아이디어를 바꿀 방법을 제안한다.

그러다 보니 대화는 주거니 받거니 하는 상황으로 빠르게 흘러간다. "당신의 아이디어는 별로입니다." 바로 대답이 나온다. "그렇지 않습니다." 대립은 한발 더 나아간다. "당신은 나쁜 사람입니다." 상대는 대답한다. "아니오. 저는 나쁜 사람이 아닙니다."

그들의 대화는 듣기에 거북하다. 프로젝트는 이미 진행 중인 데다가, 설사 그 프로젝트에 쓰인 돈이 매몰비용이 되더라도 그건 실전이고, 아주 개인적인 문제이기 때문이다.

이미 진행된 일을 옹호하기에 여념이 없을 때는 피드백에 마음을 열고, 유연한 사고를 하기에 힘들다.

창작자에게 도움을 주는 비판가는 이 점을 이해한다. 그런 비판가는 이렇게 말할 것이다. "저는 x, y, z가 마음에 듭니다. 그리고 ○○하면 나머지 부분도 좋아질 수 있을 것 같습니다." 이런 대화법은 듣기 거슬리는 부분을 우회적으로 표현해주기 때문이다.

매몰비용은 실제 생길 수 있지만, 우리는 그것을 무시할 수 있어야 한다.

# 148

# 두려움에 무릎 꿇는 45가지 방법

두려움에 무릎 꿇고, 작품을 희생시키는 데는 (적어도) 45가지 방법을 소개한다.

1. 시간을 끈다.
2. 앞으로 나아갈 수 없도록 프로젝트를 확장한다.
3. 중요성이 사라지도록 프로젝트를 축소한다.
4. 쓰레기 같은 작품을 선보인다.
5. 다른 사람의 도움으로 좋아질 수 있는 작품을 선보이지 않는다.
6. 따뜻한 비판을 들으려 하지 않는다.
7. 듣기 좋은 말에는 귀 기울이지만, 냉담의 말은 주의 깊게 듣지 않는다.
8. 단기적인 이윤에 눈멀어 작품을 희생시킨다.
9. 마감을 지키지 않는다.

10. 유명 주인공이 되려 한다.

11. 괜찮은 부분에서 타협한다.

12. 어려운 부분에서 타협한다.

13. 알약 속에 영감(inspiration)이 있다고 생각한다.

14. 일하러 가지 않는다.

15. 늘 일만 한다.

16. 뮤즈가 나타나기를 학수고대한다.

17. 포기할 이유를 찾고서는 주변에 이야기한다.

18. 올바르게 생각하는 사람들과 일에 관해 이야기하지 않아, 일을 망친다.

19. 일을 자신으로, 자신을 일로 정의한다. 그래서 매사를 개인적으로 받아들인다.

20. 영감이 찾아올 때만 일한다.

21. 특정 분야의 지식, 즉 도메인 지식에 뒤처졌다.

22. 모든 걸 베긴다.

23. 아무것도 베끼지 않는다.

24. 질투한다.

25. 스스로를 비웃는다.

26. 중요한 일은 원래 시간이 오래 걸린다고 말한다.

27. 박수받기를 바란다.

28. 노력이나 통찰력에 상응하는 돈을 요구하고, 돈이 들어올 때까지 기다린다.

29. 통신판매 하는 일을 피한다.

30. 자기 작품의 후기를 읽는다.

31. 읽은 후기를 기록한다.

32. 후기에 반응한다.

33. 최악의 상황을 상상한다.

34. 죽음이 곧 닥치거나 결국 죽을 거란 생각에 집중한다.

35. 영원히 죽지 않을 듯 시간을 끈다.

36. 두려움에 떠는 사람들의 말을 듣는다.

37. 완벽주의와 품질을 혼동한다.

38. 기한이 다가오면 작품을 더 꽉 붙잡는다.

39. 기한이 다가오면 작품을 너무 빨리 놓아버린다.

40. 기한일을 자꾸 미룬다.

41. 작품을 선보일 날짜를 정하지 않는다.

42. 쓸데없이 자신이 이바지한 부분을 더 작게 재정의해 스스로를 내려놓는다.

43. 꿈이 작은 사람들과 어울린다.

44. 변명거리를 갈고닦는다.

45. 슬럼프에 빠진 것처럼 군다.

**149**

# 방법이 문제인가,
# 잘못된 관객이 문제인가?

영화계의 아이콘 아담 드라이버가 말했다. "제겐 악기가 없어요. 첼로를 연주하지도 않아요. 그건 극 중의 나인 것이고, 어떤 의미에서 더 취약하죠."

이건 독이 되는 생각이다. 그러나 전문가의 마음가짐에 깔린 생각이기도 하다.

아담 드라이버는 **배우**이다. 그건 '극 중의 나'인 게 아니라 역할일 뿐이다. 제니퍼 와이너는 **작가**이다. 한 글자, 한 글자 글을 쓰지만, 그 글이 제니퍼 와이너인 건 아니다. 그저 그녀가 쓴 글일 뿐이다.

창작자란 작품을 만드는 사람이다.

우리는 무언가를 만든다.

작품을 만들기 위해 우리는 선택을 한다. 선택에는 의도가 있다. 특정한 사람들에게 변화를 일으키고 싶다는 생각이다. 성공적이지 못한 선택이라는 걸 알았을 때, 우리는 불안을 가득 담은 취약성을 드러내는 길로 갈 수 있다. 하지만 대안은 사람들의 마음을 감동시키지 못한 부분이 무엇이었는지 찾고 배우는 것이다. 작품을 만드는 방법을 잘못 선택한 것일까 아니면 잘못된 관객을 택한 것일까?

창작자가 작품인 건 아니다. 작품은 창작자가 다른 사람을 위하려는 의도에서, 어떤 일을 진행하기로 한 일련의 선택이다.

# 150

# 하다 보면, 하고 싶어진다

미국 화가 애비 라이언은 자리에 앉아 그림을 그린다. 그녀는 1,000점이 넘는 그림을 그렸고, 하루에 1점씩 그린다.

과학 소설가 아이작 아시모프는 400권이 넘는 책을 썼다. 어떻게 그렇게 많은 책을 쓸 수 있었을까? 아이작 아시모프는 매일 아침, 수동 타자기 앞에 앉아 타자기를 쳤다. 그게 그의 일이었다. 아이작 아시모프가 만든 로봇과 그 외 등장인물이 나오는 이야기는 타자 치는 일에 따라온 보너스였다.

그는 영감을 받지 않은 날에도 타자기를 쳤다. 그러다 보면 글이 써졌고, 영감을 얻게 되었다. 글은 쓰고 싶어서 쓰는 게 아니다. 쓰다 보면 쓰고 싶어진다.

## 151

# 글쓰기는 나 자신을 벽에 거는 일이다

스스로 '작가'라 칭하든 아니든 그건 중요하지 않다. 직업이 가수든 교통 공학 전문가든 상관없다.

글을 더 많이 써라. 자신의 관객에 대해, 자신의 작품에 대해, 자신의 도전과제에 대해 써라. 얻었으면 잃어야 하는 게 무엇인지, 업계에 대해서, 몸담은 분야에 관해서 써라. 꿈에 대해서, 두려움에 대해서 써라. 재미있는 건 무엇인지, 재미없는 건 무엇인지 써라. 이러한 것들이 명확해지도록 써라. 나 자신에게 도전하기 위해 써라.

그리고 일정을 정해 놓고 써라. 글쓰기는 말하기와 다르다. 왜냐하면 글은 생각을 정리해 표현하는 방법이고, 영원히 남는 것이기 때문이다. 글쓰기는 나 자신을 벽에 거는 일이다.

# 시를 쓰는 데 필요한 것

"시는 굳은 의지에 따라 힘을 발휘하는 추론과는 다르다. 우리는 "시를 짓겠다."라고 말할 수 없다. 위대한 시인조차 그런 말은 할 수 없다."

퍼시 비시 셸리는 이렇게 말했다. 그러나 이건 위험한 오해다. 이런 생각을 하게 되면 사람들은 자신을 내려놓게 되고, 마법의 축복을 받아 창의성을 발휘하는 사람과 그렇지 못한 사람 사이에 벽을 만들게 된다.

세상을 보는 데 얼마나 비참하고 두려운 방식인가!

이러한 시각을 바꾸려면 세상에는 기회가 많다고 생각하면 된다. 거의 무한에 가까운 숫자의 시(시 외에도 창의적인 천재들이 만든 다양한 작품이 있다)가 도움을 주려고 세상에서 기다리고 있다고 생각하는 것이다.

시인이 충분히 관심을 기울인다면, 충분히 믿기만 한다면,

그리고 충분히 오랜 시간에 걸쳐 시도하기만 한다면 말이다.

　　사실 시를 쓰거나 예술 작품을 만드는 데 필요한 건 결심이다. 굳은 의지로 자신을 충분히 믿는다면, 실제 시어를 찾을 수 있다.

# 부기맨의 눈을 바라보면

소위 귀신이라 불리는 부기맨은 세상에 존재하지 않는다. 이 때문에 부기맨은 공포의 대상이 된다. 약점이 없는 적, 방어할 수 없는 존재이기 때문이다. 부기맨은 수백 년 전에 나타났다. 허수아비와 딱정벌레, 유령의 모습을 합한 부기맨은, 아이들을 겁주어 말을 잘 듣게 하는 역할을 했다.

비판가와 회의론자들 역시 부기맨을 소환할 수 있다. 대답할 말이 없다는 걸 그들 스스로가 알고 있을 때 말이다. 길이 막혔다며, 아이디어가 고갈되었다며, 사회에 이바지할 부분이 없다며 부기맨은 나타난다. 가장 흔히 나타나는 부기맨은 탤런트가 없다는 소리이다.

하지만 한 가지 예외가 있다. 부기맨의 존재를 부정하는 것이다. 부기맨은 존재하지 않는다. 그래서 효과적인 예가 되고, 그를 무시해야 하는 이유가 된다.

창작자들은 매일 부기맨으로부터 도망친다. 부기맨에게

는 작품을 망치고, 경력을 무너뜨릴 능력이 있다고 상상하여 그에게 새로움 힘을 부여한다. 그럴수록 부기맨에게 더 많은 힘이 부여되고, 그는 강해진다.

그러나 이건 부기맨을 직면하는 것을 두려워하기 때문이다. 부기맨의 눈을 바라본다면, 그는 그 즉시 사라질 것이다.

## 154

# 장작을 패고, 물을 길어라

수천 년 전에, 중국 당대의 사람 방거사(龐居士)는 이런 글을 썼다.

> 매일 하는 일에 별다른 건 없으니
> 자연스레 조화를 이루며 지낸다.
> 취할 것도, 버릴 것도 없이…
> 장작을 패고, 물을 긷는다.

요즘 말로 "장작을 패고, 물을 긷는다(chop wood, carry water)."가 여기서 나온 말이다. 시에 나온 표현은 아니지만, 핵심은 '그냥(simply)' 한다는 것이다.

토를 달거나 극적인 반응 없이 그저 할 일을 한다. 통제할 수 없는 일들은 생각하지 않고 그냥 한다. 원하는 결과물을 생각하지 않고 그냥 한다.

이처럼 단순한 선(禪) 사상의 가르침을 통해 창작가로서 우리의 일을 대하는 방식을 알 수 있다. 외부적 요인은 제거하고 극적인 반응은 완화하며 특별한 상황을 피한다.

이게 바로 프랙티스이다.

장작을 패고, 물을 긷는 것이다.

계속, 계속, 몇 번이고 반복한다.

외부적인 성공은 그저 일을 반복하는 능력에 힘을 실어주는 것뿐이다.

# 155

# 미즈 앙 플라스

솜씨 있는 요리사는 불 앞에 서기 전, 요리 재료가 잘 정리되어 있는지 확인한다. 모든 재료를 썰고, 계량하고, 넣을 순서를 정한다. 이렇게 하면 조리 중에 급할 일이 없고, 그보다 더 중요한 건은 어떤 요리가 나올지 미리 그려볼 기회가 생긴다는 점이다.

조리 도구와 재료를 살피고, 요리할 준비를 하며, 정성스레 준비하고, 의도를 지닌 행동을 하기 위해 식당 문을 연다.

미즈 앙 플라스(mise en place)°에 관해 말하면 인터넷은 우리의 적이다. 우리가 일하려고 앉았을 때 인터넷에서 어떤 이야기가 흘러나올지 알 수 없고, 그건 예상 밖의 요소이기 때문이다. 나 같은 경우는 이메일이 쥐약인데, 이 외에도 '삐' 하는 소리든, 트위터 알림음이든, 진동이든 휴대폰 속에 있는 어떤 것이라도 그렇다.

인터넷은 우리가 하려고 하는 일에 긍정적이든, 부정적

---

° 영업 시작 전, 음식의 준비 작업을 마무리 짓는 것.

이든 부른 적 없는 에너지를 부여한다. 그리고 프로젝트를 위한 새로운 아이디어, 새로운 도구, 새로운 사람 등 무한한 새로움이 흘러나오는 수도꼭지가 되기도 한다.

일에 집중해 무언가를 만들고 싶다면, 하루 정도 와이파이를 꺼두는 게 좋다. 일할 도구와 경계를 정하고, 과정에 따라 일을 진행한다. 그 외에는 아무것도 없는 것이다.

일을 마치고 나서도 세상사에 참여할 시간은 있다. 하지만 지금은 컵을 채웠다가 컵을 비우는 일을 할 때이다. 자리에 앉아 타자기를 치고, 또 쳐야 한다.

# 156

# 프랙티스의 위기

창의성을 발휘하는 일을 하는 사람이라면 누구나 뮤즈에 끌려 본 적이 있을 것이다. 어떤 힘이 우리를 감싸고, 마법 같은 일이 생기는 바로 그 황금 같은 순간이다. 마치 '나'라는 사람은 없는 듯한 느낌이다. 나 자신이 아닌 다른 무언가가 내 목소리를 통제하는 것 같다. 뮤즈가 온 것이다. 천재가 내 안에 들어오도록 신이 허락하셨다.

작품에 몰입할 수 있는 건 뮤즈 덕분이라고 인정하려는 마음이 커진다. 우리는 제단을 세워 뮤즈를 다시 불러들이는 데 필요한 어떤 희생도 감수한다. 뮤즈가 없으면 일이 막히는 것 같다. 모든 일이 더 어렵게 느껴지고, 내가 만든 작품 역시 별로 인 듯 보인다.

그런 순간이면 선택지는 2개밖에 없는 것 같다. 그저 그 렇게 일하는 사람이 되거나 아니면 뮤즈가 돌아오길 기다리며 그날 일은 접는 것이다. 프랙티스에 위기가 찾아왔고, 그냥 물러서고 싶어진다.

우리가 만든 제단에는 초와 향이 있으니 기도를 드린다. 아니면 술을 마시기도 한다. 뮤즈를 찾느라 생긴 나쁜 습관 때문에 목숨을 잃는 사람도 있다.

우리는 내면에서 눈을 돌린다. 뮤즈의 존재에 전율을 느낀다. 지금은 일하기에 적절한 감정 상태가 아닌 게 아닐까 걱정한다. 그리고 무엇보다 우리를 대행할 누군가에게 상황의 통제권을 넘기고, 뮤즈를 소환하는 어려운 일을 부탁하거나 아니면 업무를 승인해달라고 혹은 일감을 지원해달라고 그 사람에게 매달린다. 혹시, 정말 혹시라도 뮤즈의 빛을 다시 느낄 수 있지 않을까 하는 마음에서 말이다.

그러나 그건 덫이다.

몰입은 노력의 산물이다. 일을 해야 뮤즈가 나타난다. 뮤즈가 나타나야 일을 하는 게 아니다.

도구를 정비하고, 인터넷을 끄고, 일하러 돌아가라.

# 157

## '바람직한 어려움'을 찾아서

작품의 수준을 올리고 싶을 때, 몰입을 찾으려는 마음에 끌리기 쉽다.

몰입이란 모든 요소가 서로 딱 맞아떨어지듯 느껴질 때 경험하는 정신 상태이다. 미하이 칙센트미하이 교수는 어려운 일이지만 사람들이 해낼 수 있는 일에 완전히 빠져 있을 때 느끼는 몰입의 감정에 대해 이야기했다. 몰입하는 때가 바로 뮤즈가 우리와 함께하는 바로 그런 순간이고, 그럴 때는 기분이 정말 좋다고 말이다.

그러나 만족스러운 기분은 둘째치고, 그건 우리가 원하는 만큼 프랙티스를 밀고 나가는 데 아마도 도움이 되지 않을 것 같다.

UCLA의 로버트 비요크 교수는 새로운 스킬을 배우고, 다음 단계로 나아가기 위해서는 실제로 바람직한 어려움(desirable difficulty)이 필요하다고 말한다.

2가지의 타격 연습 방식을 생각해보자. 날아오는 공의 종류는 패스트볼 25개, 커브볼 25개로 예측할 수 있는 리듬에 따라 크게 몇 가지로 나뉜다. 연습이 끝나고 타자는 자신감과 몰입을 느꼈다고 보고했다.

두 번째 방식에서는 구종을 무작위로 섞는다. 그러자 타자는 좌절을 느꼈고, 연습에 대한 만족도가 떨어졌다. 하지만 한 교사는 바람직한 어려움이 따르는 무작위 방식이 구종을 나누어 연습하는 방식보다 실제로 선수들의 스킬을 향상시켰다고 지적한다.

바람직한 어려움은 어려운 일을 하는 어려운 일이다. 힘든 시간이 지나고 나면 새로운 수준에 도달할 것이란 걸 알기 때문에 고군분투할 일에 준비한다.

배움에는 거의 무능함이 따른다. 다음 단계에 도달하자마자 우리는 아직 그 정도 수준이 아니라는 걸 깨닫고, 부족함을 느낀다. 어려움은 실제로 나타나지만, 우리의 목표가 앞으로 나아가는 것이라면 어려움을 마주하는 건 바람직하다.

바람직한 어려움을 의도적으로 피하면 프랙티스에는 문제가 생긴다. 왜냐하면 발전 없이 쉽게만 굴러가듯 이루어지기 때문이다.

그렇다면 프랙티스에 노력을 기울인다는 건 며칠, 몇 주, 혹은 몇 년 동안 계속 무능을 경험하고, 때로는 좌절을 느끼는 일이다. 몰입으로 향하는 길에 바람직한 어려움을 찾는 일은 우리가 추구하는 변화를 만들기 위한 생산적인 활동이 된다.

## 158

# 타자의 타격 연습이 프랙티스다

홈런 타자가 타격 연습을 한다고 해서 비판하는 사람은 없다. 동시에 홈런 타자가 1루로 출루하지 못하는 경우가 70%라 해도 아무도 놀라지 않는다.

무언가를 만들 때마다 평단과 시장에서의 성공을 보장해야 한다면 당신은 몸을 숨길 훌륭한 변명거리를 찾은 것이다. 나아가 평단과 시장에서 성공해야 한다는 생각 때문에 다시 대담한 시도를 하지 못하게 되었다면, 당신은 몸을 숨길 또 다른 변명거리를 찾은 셈이다.

타격 연습은 프랙티스이다. 매일 글을 쓰는 것도 프랙티스이다. 세상을 보는 방법을 배우는 것도 프랙티스이다. 절대 모두 할 수도, 절대 확신할 수도 없는 일이다.

우리의 작품을 숨길 이유는 셀 수 없이 많지만, 작품을 공유해야 할 이유는 단 하나, 그건 세상에 도움을 주기 위해서이다.

# 159

# 그저 할 일을 하는 것이다

"그냥 해(Just do it)."라는 소리는 당신에게 그다지 도움이 되는 조언이 아니다. "알 게 뭐야. 아무렴 어때."라거나 "얼른 끝내버려."처럼 생각할 수 있기 때문이다.

이 슬로건을 우리에게 유용한 표현으로 고친다면 "**그저** 해(Merely do it)."라고 할 수 있다. 뭐라고 토를 달거나 극적인 반응을 보이거나 화내지 않고 그저 할 일을 하는 것이다. 일으키려는 변화에 집중하고, 작품에 의도를 불어넣는다. 그냥 그것뿐이다. 더도 덜도 아니다.

텔레비전 광고에서 보이는 것처럼 강력한 느낌을 주지 못한다는 점에는 나도 동의한다. 하지만 우리에게는 훨씬 유용하다.

우리는 끊임없이 과정에 집중한다. 오로지 결과물에 연연하지 않는다. 과정이 올바르면 결과물은 필연적으로 따라올 것이다.

장작을 패고, 물을 긷는다. 단단히 정박한다. "맞아요. 그리고….".라고 말한다.

**160**

# 더욱 필요한 건 나쁜 아이디어다

괜찮은 아이디어는 대개 누군가 이미 제시했을 것이다.

동화 작가 닥터 수스가 글을 쓰던 시절에는 아동 서적이라고는 겨우 수만 권 정도였다. 하지만 이제는 수백만 권 사이에서 읽을 책을 골라야 할 정도이다. 영화 각본도, 여름 캠프의특별 활동도, 외과 의사 자리도, 독창적인 조경 아이디어도⋯모두 마찬가지다.

그러니 내가 이바지할 수 있는 일은 없을 거라고 생각하게 된다. 뮤즈는 나를 지나쳤고, 내가 만들 수 있는 건 아무것도없다는 식이다.

"생각이 막혀버렸어. 그 어떤 좋은 아이디어도 떠오르지않아."라고 말하는 대신 "이 작품을 끝냈어. 이제 더 나아지도록 만들어야지."라고 말하는 편이 더 효과적이다. 아니면 "이 작품을 끝냈어. 이보다 더 나아지게 만들 순 없을 것 같아. 이제새로운 작품을 시작하자. 내가 배운 이 모든 것을 보면 그래야

해."라고 말할 수도 있다.

　나쁜 아이디어가 있었다. 그리고 좀 더 나은 아이디어가 되었다. 좋은 아이디어가 떠오르지 않는다고 불평하고 싶다면, 먼저 당신이 떠올린 나쁜 아이디어를 모두 보여줬으면 좋겠다.

　나쁜 아이디어를 친구로 삼는 건 앞으로 나아가는 데 유용하다. 나쁜 아이디어는 우리의 적이 아니다. 더 나은 곳으로 가는 길에 지나쳐야 할 필수적인 단계이다.

# 가장 작은 돌파구

소설 《화씨 451》 가운데 한 문단을 다시 쓴다면, 작가 레이 브래드버리가 쓴 것보다 잘 쓸 수 있을까? 영화 '매트릭스'의 각본은? 감상하기 좋은 클라리넷 곡에서 딱 한 음만 연주한다면?

걸작을 만드는 데 집중하기 전에 스스로 물어보자. 천재성을 보일 수 있는 가장 작은 단위는 무엇인지 말이다. 차이를 만드는 음악의 한 마디, 글의 한 구절, 사람 간의 상호작용은 무엇일까?

세상을 변화시켜야 한다는 걱정은 하지 말라. 우선, 사람들과 공유할 가치가 있는 무언가를 만드는 데 집중하라. 스스로 자랑스럽게 여기며 만들 수 있는 작품에서 가장 작은 단위로 시작할 수 있는 일은 무엇일지를 고민하라.

# 20분이 아니라 10년에 걸친 일

허비 플라워스는 세션 연주자였다. 더블 베이스 기타를 메고 나타나 의뢰받은 곡을 연주했다.

영국의 싱어송라이터이자 배우인 데이비드 보위는 '스페이스 오디티'라는 곡을 녹음할 때 허비 플라워스와 함께 일했다. 미국 록그룹, 벨벳 언더그라운드의 루 리드가 데이비드 보위에게 세션 연주자 추천을 부탁했을 때 허비 플라워스를 소개해주었다.

루 리드는 허비 플라워스에게 노래 한 구절을 주고 연주하도록 했다. 그때 허비 플라워스는 루 리드에게 약간 실험적으로 연주해도 괜찮을지 물었다. 허비는 원래 녹음된 것에 다른 녹음을 추가하는 오버덥을 하려고 했던 것이다. 이미 녹음해둔 더블 베이스 트랙보다 10단계 높은 음을 전자 베이스로 연주하려는 것이었다.

그렇게 나온 결과물은 '테이크 어 워크 온 더 와일드 사이드(Take a Walk on the Wild Side)'라는 곡의 잊을 수 없는 메인 구절이 되었다. 20분 만에 허비 플라워스는 천재의 일면을 흘끗 보여주었고, 루 리드의 경력을 보장해주었다.

물론 20분 만에 이루어진 일은 아니었다. 그렇게 되기까지 허비 플라워스는 10년에 걸쳐 작품을 만들었고, 음악을 보고 듣는 법을 배웠다.

## 163

# 연필을 구하라

직원들이 모여 회사에서 준비한 새 로고를 비판하기는 쉽다. 하지만 로고 자체를 새로 만들 생각이 있는 사람을 찾는 건 거의 불가능에 가깝다.

우리는 비판가이자 수선장이, 그리고 땜장이 모임의 일원이다. 이유는 간단하다. 그러는 편이 안전하기 때문이다. 비판가를 비판하는 사람은 거의 없다. 그보다는 사포를 들고 약간 갈기만 하는 편이 좀 더 쉬운 일이다. 반면 기계톱을 들고 사용하는 건 어려운 일이다. 애초에 연필을 손에 쥐고 도안을 그리는 일부터가 어렵다.

여기에 우리가 무엇부터 해야 하는지에 관한 중요한 단서가 있다. **연필을 구하라.**

연필을 잡는 사람은 드물다. 연필을 든 사람은 도안을 그릴 것이다. 그는 연필을 들고 누구보다 먼저 시작할 것이다.

그리고 나면 사포를 잘 쓰는 사람의 도움을 쉽게 얻을 수

있다. 연필을 든 사람은 다른 사람들이 두려워하는 일을 모두
해냈기 때문이다.

# 164

## 그러고 나서 다시 또 시작하라

닻을 내리듯 약속을 단단히 지켜야 하는 이유 중 하나는 거기서부터 주기가 시작되기 때문이다. 약속을 지키는 닻을 잘 고정하면 성공과 실패가 번갈아 오겠지만, 닻을 잘 내리지 못하면 그렇지 못할 것이다. 물론 어느 쪽도 치명적인 일은 아니다. 이를 통해 약속이 우리를 파멸로 몰고 가지는 않는다는 걸 알 수 있다. 약속을 지키기 위해 애썼다면, 미래에 대해 진심 어린 약속을 했다고 할 수 있다.

지나친 약속은 프로의 습관이 아니다.

매일 아침, 책을 읽거나 떠오르는 생각을 타자로 칠 때 "맞아요. 그리고….".라고 말하는 습관을 만드는 아이디어를 생각한다. 이러한 전술은 필요하다면 이런 일을 실제로 할 수 있다고 우리 뇌를 설득하는 방법이다.

우리는 작품을 선보이겠다는 약속을 한다. 하지만 결과를 약속하지는 않는다.

처음에는 작품이 좋은지 나쁜지가 중요하지 않다. 어떻게 처음부터 좋은 작품을 만들 수 있겠는가? 코미디언 리차드 프라이어는 장기자랑대회에 처음 나갔을 때부터 사람들을 미친 듯이 웃겼을까? 그렇지 않았을 것이다. 수학자 괴델이 처음 칠판 앞에 서자마자 수학에 혁명을 불러왔을까? 물론 그렇지 않았다.

이처럼 처음 세상에 나온 작품이 하는 역할은 창작자에게 자신의 작품이 살아남을 수 있다는 확신을 주는 일이다. 모습을 드러내고 최선을 다하라. 거기서부터 배움을 얻어라. 그러고 나서 다시 또 시작하라.

# 165

# 좋은 작품은 시작하기 전에 정해진다

일을 엉망으로 하려는 사람은 없다. 좋은 작품을 만들려고 하고, 나아가 위대한 작품을 만들고 싶어 한다.

다만 우리는 정확히 어떻게 작품에 대한 판단을 내릴 수 있을까? 만일 작품에 좋은 점이 있다면 다른 사람(혹은 자기 자신)에게 묻는 건 함정이 될 수 있다.

그 이유는 상업적 성공 기준으로 "좋다."는 판단을 내리고 싶어질 것이기 때문이다. 아니면 각 미디어에서 정보를 검열하는 문지기의 피드백에 따라 기분이 달라질지 모른다.

《해리 포터》는 12개의 출판사에서 출간을 거절당했을 때 좋은 소설이 아니었을까? 세계적인 열풍이 일고 나서야 좋은 소설이 된 것일까? 어떻게 한 권의 책이 좋은 책이면서 그와 동시에 좋지 않은 책이 될 수 있을까?

좋은 작품이라는 건 만들기 시작 전에 정해진다. 무엇을 위한 작품이고, 누구를 위한 작품인가? 작품이 사명을 다했다면, 그건 좋은 작품이다. 그렇지 못했다면 운이 없었거나 의도가 정확하지 않았거나 아니면 만든 작품이 처음에 만들려고 했던 내용과 맞지 않았기 때문일 것이다.

그렇다. '좋은' 작품과 '더할 나위 없이 좋은' 작품 사이에는 큰 차이가 있다. 그리고 우리는 그 차이를 결코 메우지 못할 가능성이 크다.

## 166

# 유일무이한 아이디어란 없다

무언가 특별한 아이디어, 다른 사람 눈에 띄지 않은 아이디어, 아직 발견되지 않은 아이디어를 가지고 있다면 얼마나 도움이 될까?

아이디어는 마르지 않는다.

오직 하나뿐이고, 유일하게 시도해야 할 아이디어는 없다.

완벽한 아이디어도 없다.

그저 아직 선보이지 못한 다음 작품이 있을 뿐이다.

누구도 당신이 인터넷에 동영상을 올리는 걸 막지 못한다.

누구도 당신이 매일 블로그에 글을 쓰는 걸 막지 못한다.

누구도 당신이 작품을 벽에 거는 걸 막지 못한다.

# 167

# 창작자가 자신을 의심하는 이유

의사나 테라피스트에게 업계에서 자신의 실력이 평균 이상이라고 생각하는지 물어보자. 그들은 아마 평균 이상인 정도가 아니라 평균을 크게 웃도는 실력을 가졌다고 말할 확률이 높다. 심지어 상위 10% 안에 든다고 말할지도 모른다.

스콧 알렉산더는 '슬레이트 스타 코덱스°'에서 이러한 경향이 나타나는 몇 가지 이유에 관해 말했다.

- 테라피스트에게는 보통 다른 의사에게 진료를 받다 그만둔 환자가 찾아온다. 그러므로 그 의사보다는 자신이 나은 게 틀림없다는 식으로 생각이 흐른다.
- 환자는 완치되거나("와! 내가 일을 잘했네!") 아니면 더는 오지 않는다. 자신감에 찬 테라피스트는 환자가 효과가

---

° Slate Star Codex. 정신과 의사 스콧 알렉산더 시스킨드가 스콧 알렉산더라는 필명으로 운영하는 블로그. 주로 과학, 의학, 철학, 정치학 등을 주제로 삼은 글을 올린다.

없어서 안 온다는 것을 눈치채지 못하고 보험이나 지리적 문제로 오지 않는다고 생각한다. 아니면 환자가 완치되었거나! 테라피스트를 신뢰하지 않는 환자들은 없는 게 아니라 굳이 말하지 않을 뿐이다.

- 인지 부조화로 인해 환자는 치료에 만족을 느낀다. 비교할 만한 대상도 없고, 그러다 보니 이곳에서의 치료 경험이 좋다고 믿는다.

전문 자격이라는 희소성이 있는 데다 분명한 비교 기준이 부족해서 의사나 테라피스트는 경력을 쌓아가는 동안 이런 생각을 점점 더 강하게 가지게 된다.

고군분투하는 창작가들이 처한 곤경과 비교해보자(우리는 이를 일컬어 자기 의심 따름정리°라고 부른다). 창작가가 일할 때는 앞의 사례와 정반대의 힘이 작용한다. 그것은 다음과 같다.

- 대부분 작품은 한 점씩만 팔린다. 시장에는 작품에 대한 수요보다 공급이 훨씬 많으니 우리가 받는 피드백은

---

◉   수학용어로 정리에서 파생된 명제. 1개의 정리에서 바로 유도되는 사실로서 이용가치가 많은 것을 명제의 꼴로 나타내는 것을 의미한다.

대부분 거절이다. 시장에서만 거절되는 게 아니라 (우리 생각에) 우리보다 훨씬 많은 것을 알고 있을 법한 사람들에게도 거절당한다.

- 작품을 만들 때는 구하기 쉬운 도구(키보드처럼)를 사용하고 있으니까, 이 일을 할 수 있다고 (혹은 작품을 더 낫게 할 수 있다고) 생각하는 사람도 매우 많을 것이다. 분명한 것은 누구도 전부를 알 수 없지만, 그와 동시에 모두가 전문가일 수도 있다.

- 우리 대부분에게는 일시적인 팬밖에 없으므로(음악을 좋아하는 사람은 1명의 뮤지션이 아니라 여러 뮤지션을 따른다) 팬 기반이 몹시 들쭉날쭉하다. 테라피스트들이 은퇴한다면 그건 우리 인생의 위기가 될 수 있다.

- 긍정적인 피드백보다 부정적인 피드백이 더 쉽게 퍼지기 때문에 작품에 대한 세간의 비판은 대개 부정적이다. 반면 작품을 보고 상당히 만족한 사람은 아무 말도 하지 않는다.

- 우리는 새로운 것을 만드는 일을 하기 때문에 기존 고객은 보통 돌아오기를 주저한다. 다른 누군가가 (실은 누구라도) 우리보다 더 새로운 작품을 제공할 수 있기

때문이다.

• 창의성의 마법이란 정말 숨이 멎을 듯한 대상이므로, 관객은 (그리고 우리 역시) 일생에 한 번 있을 그 순간을 찾아 헤맨다. 마법이란 아주 드물어서 작품을 통해 관객과 상호작용할 때, 대부분은 관객의 기준을 맞추지 못한다.

이 모든 상황은 '나와 같은 부류구나.' 하는 문화적 동족 효과(tribal effect)와 팬덤의 인지 부조화로 반박할 수 있는 이야기이지만, 열심히 일하는 창작가 중 극소수에게만 통할 뿐이다.

그리고 전형적인 창작가가 자신을 의심하는 또 하나의 이유이기도 하다. 상업적으로 크게 성공한 창작가에게는 2가지 특징이 있다. 일단 자신을 믿는 힘과 인지 부조화 부족 증상이다.

## 168

# 장르는 지렛대다

세상이 너무도 빠르게 돌아가는 탓에, 우리가 내놓는 독창적인 개념을 생각할 여유가 없다.

작품을 선보이면 사람들은 이 작품이 무엇과 맞을지, 어떤 카테고리에 넣어야 할지, 무엇과 비교해야 할지 궁금해한다.

"작품을 컨테이너에 넣어 주세요." 사람들이 말한다. 이 컨테이너를 우리는 '장르'라고 부른다. 작품을 값싸고 쉽게 분류하려는 건 아니다. 우리가 변화를 주고 싶은 사람들을 돕는 일이다.

일반적인 작품은 대체할 수 있다. 일반 통조림 캔은 어떤 회사도 만들 수 있다. 전부 똑같기 때문이다. 하지만 장르에서는 독창적인 작품이 나올 수 있다. 이것은 작품이 움직이는 범위의 틀을 제공하기 때문이다.

25년 경력의 편집자인 숀 코인은 장르에 관해 훌륭하게 서술했다. "일반화된 이야기는 지겹다. 하지만 장르가 있는 이야기는 독자들에게 이 책은 어떤 내용을 담고 있는지 알 수 있는 실마리를 제공한다."

장르가 없으면 우리가 만들려는 변화를 일으킬 수 없다. 장르가 없으면 사람들은 당신이 어떤 일을 하는지, 누구를 위해 하는 일인지를 알기 어려워, 결국 떠난다. 복제품을 만들려고 비상한 노력을 기울이는 사람은 없다. 복제품으로는 변화를 일으킬 수 없기 때문이다. 복제품에는 그다지 가치가 없다.

장르는 상자이자 정해진 경계이며, 창작가가 영향력을 발휘할 수 있는 공간이다. 장르의 한계 안에서 창작자는 고유하고 남다른 작품을 만들 수 있다. 변화를 일으키려면 예술가는 그런 경계선 가운데 하나를, 상자 모서리 가운데 한 곳을 구부리고 들어가야 한다.

일반화는 창작자에게 함정이지만, 장르는 창작자에게 지렛대 역할을 하는 것이다.

# 169

# 어느 초콜릿 회사의 원칙

초콜릿 회사 아스키노지의 창업자인 숀 아스키노지는 수백만 명의 사람이 고급 초콜릿을 재배하고, 판매하고, 먹는 방식을 바꿨다.

처음에 그는 단순한 장르에서 시작했다. "이건 초콜릿바야." 그러고 나서 초콜릿 장인들의 갓 볶은 카카오로 만드는 빈투바(bean-to-bar) 운동의 선구자로 활동하며 장르를 확대했다. "이건 수제 초콜릿바야."

지난 10년에 걸쳐 숀 아스키노지와 그의 딸 로렌은 가족과 시작한 초콜릿 회사를 수십억 가치가 있는 기업으로 키웠다. 그런데 이 회사에는 깜짝 놀랄 만한 규칙과 원칙이 있다.

- 직거래: 아스키노지 초콜릿에서는 회사에 납품할 카카오 콩을 재배하는 모든 농부를 일대일로 직접 만난다.
- 직접 판매: 아스키노지 초콜릿은 오직 대중에 직접 초콜

릿을 판매하는 작은 초콜릿 회사에만 제품을 판매한다.

- 오픈북 경영: 아스키노지 초콜릿의 사원은 누구나 경영에 참여한다.
- 공동체 속에서 베푸는 문화: 아스키노지 초콜릿은 카카오 콩 재배업자들을 지원하고, 마찬가지로 회사가 위치한 미주리주의 청소년들도 지원한다.

여기서 분명히 해두어야 할 것은 아스키노지 초콜릿이 생산하는 제품은 틀림없는 품질을 지녔다는 점이다. 숀 아스키노지의 초콜릿은 세계적인 초콜릿 제품과 경쟁하며, 가격 또한 고급 빈투바 초콜릿에 걸맞은 수준이다. 제품의 포장, 고객 관리, 배송 시스템 역시 모두 장르에 들어맞는다.

변화는 영향을 받으면서 시작한다. 그리고 영향을 받으려면 우선 장르에 따라 시작해야 한다.

# 170

# 약간의 차이로 인간과 침팬지는 달라졌다

친구들에게 뭐라고 이야기해야 할까?

장르에 따라 시작하라. 이해하라. 통달하라. 그리고 나서 **변화**시켜라.

《슈퍼맨》의 작가 제리 시겔과 조 슈스터가 만화를 발명한 건 아니다. 하지만 슈퍼맨을 그려서 만화의 세계를 바꾸어 놓았다. 와비 파커가 안경을 발명한 건 아니다. 하지만 그 회사는 공급망 관리에 혁신을 일으켜 사람들이 안경을 구매하는 방식을 바꾸었다. 레몬트리 푸드가 가난한 사람을 돕는 비영리단체를 발명한 건 아니다. 하지만 구호에 접근하는 방식과 기준을 바꾸었다.

무언가를 바꾸기 전에, 우선 같은 일을 시작해야 한다.

인간과 침팬지의 유전자는 거의 동일하다. 98% 이상 일치한다. 약간의 차이로 인간과 침팬지는 달라졌다. 우리에게 필요한 건 그게 전부다.

독자적으로 성공할 수 있는 가장 작은 단위의 돌파구가 있어야 한다.

## "이건 나만 하는 겁니다."

자신을 벽에 거는 일은 사람들이 장르를 피하는 이유다.

우리는 탤런트 있는 예술가란 뮤즈에 순종적이며 취약하다고 생각하도록 세뇌되었다. 그렇다면 그들에게는 왜 장르가 필요할까? 그건 장르를 선택한다는 건 그 이상으로 일련의 약속을 하는 것이라는 점을 알게 되었기 때문이다.

만일 당신이 레게 음반을 냈다고 한다면, 사람들은 밥 말리의 음악과 비교할 것이다. 만일 순수 미술 작품을 그린다고 하면, 1,000년 동안 있었던 화가들 옆에 나란히 서야 한다.

그런 비교를 당하는 것보다 "이건 나만 하는 겁니다."라고 말하는 편이 훨씬 쉽다. 그저 내가 만들고 싶어서 만드는 것이다. 그러나 그렇게 되면, 사람들은 당신을 무시한다.

결국, 당신은 벽에 걸린 고리에서 내려오게 된다.

# 고칠 시간은 나중에도 충분하다

세상 사람 모두가 마음속 어딘가에 좋은 아이디어를 품고 있다. 당신도 좋은 아이디어 하나는 가지고 있는가? 아마도 하나 이상 가지고 있지 않을까?

사람은 누구나 일을 더 잘할 방법이나 관심 있는 조직을 변화시킬 방법, 혹은 망가져 신경이 쓰이는 어떤 일을 고칠 방법에 관한 계획을 세우고 있다. 한편 우리 주변의 누군가는 시를, 노래를, 소설을 품고 있다.

그렇다면 랩의 대부라 불리는 길 스콧 헤론과 우리의 차이점은 무엇일까? 그는 20장 이상의 앨범을 통해 예술의 형태에 혁신을 일으켰다.

길 스콧 헤론의 노래가 우리가 만든 노래에 비해 더 좋다거나, 헤밍웨이의 글이 우리가 쓴 글보다 더 나아서가 아니다. 그들은 작품을 세상에 선보였고, 우리는 망설이는 데 차이가 있다.

물론, 처음에는 어떤 작품이든 엉망이다. 첫 작품이 좋을 순 없다. 우리도 헤밍웨이도 마찬가지이다. 하지만 차근차근 작품을 만들면서 열심히 파고들면, 조금씩 조금씩 작품이 나아지고, 작품이 완성되면 점점 많은 사람이 감동을 받게 된다.

고칠 시간은 나중에도 충분하다. 지금 당장, 우리가 할 일은 일단 작품을 만드는 것이다.

# 173

# 누구의 이야기를 듣는 회의인가?

회사가 성장하면서 해야 할 회의는 점차 늘어나, 결국 너무 많은 회의로 일정에 차질이 생기는 순간에 이르게 된다.

이렇게 되는 데는 2가지 이유가 있다.

첫 번째 이유는 간단한 산수로 알 수 있다. 점점 더 많은 사람이 회사의 운영 상황에 대해 알아야 한다면, 회의가 많아질 수밖에 없다. 하지만 점점 더 많은 회의라는 기준을 분명하게 정할 수 없어서 우리는 메모를 하고, 결국에는 글로벌 메신저 슬랙을 발명하게 되었다.

아니, 사실 진짜 이유는 다음과 같다. 회의란 몸을 숨기기에 정말 좋은 장소이기 때문이다. 우리는 다른 사람이 책임지기를 바라며 회의에 참석한다. 회의는 안전한 천국이고, 일어날지 모를 일로부터 도망치는 피난처이다.

모든 회의에서 우리는 다른 사람들과 상호작용하며 일한다. 만일 우리의 고유한 꿈을 확대하고 키우는 데 집중하는 사람들과 회의한다면, 작품은 더욱 좋아질 것이다.

반대로 지위에 따른 역할이나 현상 유지, 거절과 관련된 이야기만 하는 사람들과 회의를 한다면, 그 결과는 반대가 될 것이다.

지난 20년 동안 기존의 텔레비전 방송국 임원들은 아이디어를 죽이는 회의만 해왔다. 반면 같은 시간 HBO, 넷플릭스, 쇼타임과 같은 온라인 스트리밍 서비스 기업에서는 프로그램 제작업체들이 더욱 눈에 띄는 작품을 만들도록 독려하는 회의를 했다.

나에게 당신의 회의 일정을 알려주고, 누구의 이야기를 들으려는 것인지를 말해보라. 그러면 당신에게도 비슷한 문제가 있는지에 대해 이야기 나눌 수 있다.

# 174

# 창작자를 위한 팁

- 연속성을 유지하라. 하루도 빠짐없이 정한 일을 실행하라. 매일 선보여라. 매일 모습을 나타내라.
- 계속 잘 지킬 수 있도록 당신의 연속성에 관해 이야기하라.
- 모두를 위한 게 아닌, 특정한 누군가를 위한 작품을 만들어라.
- 지름길은 피하라. 대신 직통로를 찾아라.
- 장르를 찾아서 받아들여라.
- '바람직한 어려움'을 추구하라.
- 당신을 심적 고통으로부터 보호하려는 사람들에게는 당신의 꿈에 관해 이야기하지 말아라.

Chapter 6

# 주장하라
## Make Assertion

# 호기심이 있어야 주장할 수 있다

2014년 12월, 프랑스의 음악가 조엘 로에셀은 전 세계 채식주의자들에게 엄청난 즐거움을 줄 수 있는 음식을 발견했다. 아쿠아파바라는 병아리콩, 렌틸콩 등을 삶고 나면 나오는 콩물을 만든 것이다. 이 액체로 거품을 만들면 생크림이나 크림을 대신해 사용할 수 있다.

내가 그의 주방에 함께 있진 않았지만, 아쿠아파바로 거품을 낼 수 있다는 사실을 확신하기 전, 그가 **아마 만들 수 있을 거라고 주장했을** 것이 분명하다.

병아리콩이나 렌틸콩 등을 삶으면 나오는 콩물은 통조림이 나올 때부터 있었지만, 그 물로 크림을 만들 수 있을 거라는 주장을 할 정도로 호기심을 보인 사람은 조엘 로에셀이 처음이었다.

일단 주장이 나오자 이를 시험하는 단계는 꽤 분명해졌다. "만일 내가 이걸 가지고 저걸 해낸다면, 뭔가 쓸 만한 게 나오겠지? 내 주장이 맞을 거야."

이처럼 주장은 창작과 디자인의 토대가 된다.

# 176

# 아만다 존스의 특허

조엘 로에셀이 병아리콩의 아쿠아파바로 크림을 만들 수 있다고 주장한 때로부터 100년도 더 전에, 아만다 존스는 과일 통조림을 만드는 과정을 발명해 특허를 냈다. 그녀의 통조림 제조방식은 통조림 생산의 기준이 되었고, 지금도 전 세계적으로 사용되고 있다.

아만다 존스는 그렇게 얻은 특허권으로(그녀는 1800년대 그 어떤 여성보다 많은 특허를 가지고 있었다) 통조림과 보존 음식을 만드는 여성들이 일할 수 있는 회사를 세웠다. 이 회사는 100% 여성 직원과 여성 소유자로 이루어졌다. 회사를 세우고 처음 석 달 동안에는 2만 4,000건의 주문을 출하했다.

과일의 풍미를 잃지 않으면서도 두고두고 먹을 수 있도록 통조림에 과일을 담는 방법은 아만다 존스가 특허를 내기 전부터 있었다. 다만 그녀는 주문이 들어오기 훨씬 전에 여성이 일하고 소유할 수 있는 회사를 세우는 용감한 행동을 이뤄냈다.

확신이 없어도 주장할 수 있어야 우리는 프랙티스에 전넘할 수 있다.

# 177

# 어떤 권리로 과정을 버티는가?

사람들은 마치 자아(ego)가 나쁜 것인 양 말한다.

물론 자기우월증은 나쁘다. 병적인 자기중심주의는 오로지 나 자신만 바라보고, 나는 불멸하며 내가 좋아하는 일은 무엇이든 누릴 자격이 있다고 믿는 데서 오는 자기도취이다(아니면 모든 예술은 나를 위한 것이라고 느끼는 것이다).

그러나 자아는 어떨까? 우리는 내 주장을 펼칠 배짱을 가지려면 자아가 필요하다.

우리는 어떤 권리로 목소리를 높이며, 더 나은 세상을 만들자고 제안할 수 있을까? 우리는 어떤 권리로 사회에 이바지할 무언가가 나에게 있다고 생각할까? 무력한 초보자, 허둥거리며 애쓰는 일반인, 전문가가 되어 일하기까지 어떤 권리로 우리는 과정을 버티는 걸까?

나는 우리가 모든 권리를 가졌다고 생각한다. 사실 우리에게는 그렇게 해야 할 의무가 있다. 우리가 지구를 공유하는 이유다.

우리는 서로의 주장에 의지하고, 서로의 작품이 세상을 더 좋은 곳으로 만들 수 있다고 보기 때문이다.

# 답을 찾기 전에 주장부터 해야 한다

우리는 언제나 답이 있어야 한다는 압박을 가지고 있다. 다음으로 어떤 일이 벌어질지 확실히 알기 위해서, 우리가 옳다는 걸 증명하기 위해서, 우리의 작품을 보여주기 위해서 말이다.

게다가 여러 상황에 맞는 답이 필요하다. 하지만 대답이 나오면 대화는 끝난다. 우리의 대답이 문제를 분명하게 해결했거나 그러지 못했기 때문이다. 답이 있으면 질문은 시작되지 않는다.

우리가 의견을 굳게 내세우는 행위는 세상을 좀 더 좋은 곳으로 만들려는 생각에서 다른 사람을 위하고자 하는 것이다. 주장의 반은 질문이다. 그리고 모든 주장의 시작에는 "아마…"라는 표현이 직접적으로 표현되지 않았어도 포함되어 있다.

답을 찾기 전, 우리는 주장부터 해야 한다.

# 먼저 버저를 누르는 사람이 이긴다

텔레비전 퀴즈쇼 '제퍼디!'에 출연할 일은 없겠지만, 혹시 출연할지도 모르는 사람을 위해 문제를 잘 풀 수 있는 비밀을 알려주고자 한다.

그건 바로 답을 알아내기 전, 먼저 버저를 눌러야 한다는 것이다(물론 답에 도달하는 과정에서 눌러야 한다).

일단 내가 답을 찾을 수 있는 사람이란 걸 알게 되면, 아마 답을 알 것 같다는 생각이 들게 되면, 그때 버저를 눌러야 한다. 그리고 나면 사회자가 당신의 이름을 부를 때쯤에는 무언가 답할 거리를 가지고 있을 것이다.

우리는 너무 자주, 우리가 옳다고 확신할 때까지 기다린다.

그러나 우선은 주장하면서 시작하는 게 낫다.

그리고 나서 답을 찾는 것이다.

## 180

# 시도해보겠다는 약속

의도를 지닌 행동은 수동적이지 않다. 이것은 변화를 일으키려는 과정이다. 우리는 의도를 지닌 행동에 따르는 시선에서 도망칠 수 없다. 우리는 주장함으로써 다른 사람들의 관심과 참여를 얻는다.

많은 사람을 위한 주장일 필요는 없다. 확실해야 주장할 수 있는 것도 아니다. 그렇지만 당신이 하는 주장에는 기능이 있어야 하고, 그 기능은 당신과 나 그리고 현재와 가까운 미래를 이어주는 다리 역할을 해야 한다.

주장은 약속이다. 시도해보겠다는 약속, 작품을 선보이겠다는 약속, 그리고 실패한다면 그 이유를 밝히겠다는 약속이다.

# 당신의 사람들을 찾아라

주장에는 세상을 더 좋은 곳으로 만들겠다는 생각이 함축되어 있다.

"나는 어떤 상황이라는 걸 인지했고, 그 상황을 더 나아지도록 할 무언가를 제안하는 거야."

당신의 사람들을 찾아라. 그러고 나서 당신의 관점을 공유하고, 새로운 아이디어를 중심으로 그들과 이야기를 나누어라. 누구를 위한 일인지, 무엇을 위한 일인지 정하고 노력하지 않으면, 의도를 띤 디자인을 할 수 없다. 이를 위해서는 주장을 해야한다.

우리는 종종 그저 나 자신에게만 주장하면서 일을 시작한다. 아직 너무 이른 단계이기 때문에 사람들을 초대할 순 없다고 생각하는 것이다. 그러나 주장을 세우는 행위가 바탕되어야 더 나은 세상을 만드는 일의 주기를 시작할 수 있다.

# 후속 질문을 던져야 하는 이유

주장은 권위적인 표현이 아니다. 관리자들은 대개 힘을 가지고 있기 때문에 주장할 필요는 없다. 그저 발표하면 된다.

반면 창작자는 권위 없이 사람들을 이끈다. 대신 자신이 가지고 있는 통찰력에서 나오는 지혜와 책임을 받아들이는 마음가짐을 갖추고 있다.

그런데 그 책임을 받아들이게 되면, 우리는 방금 내가 한 주장을 사람들이 이해했는지 확인하고 싶어진다. 그래서 후속 질문을 던진다.

"당신이 하려는 일의 함축적 의미와 영향, 부작용은 무엇인가? 어떤 비상계획을 가지고 있는가? 계획대로 된다면 어떤 일이 벌어질까? 그리고 계획대로 되지 않는다면 어떻게 될까?"

당신의 작품에 참여한 사람들을 이끌 때, 후속 질문은 회의적인 느낌으로 비쳐져서는 안 된다. 사실 그 반대이다. 이 질문은 공동 참여자들을 위한 것이다. 당신과 함께 이 여정에 참여한 바로 그 사람들 말이다.

만일 '어떤 질문'에도 답을 얻지 못했다면, 여정에 함께할 사람들을 더 늘리고, 더욱 분명하게 당신의 주장을 펼쳐야 한다.

# 183

# 앤디 워홀의 여행

전문적인 창작가는 문화를 바꾸기 위해 작품을 만든다. 물론 모든 문화를 바꾸려는 게 아니라 그중 일부만을 바꾸려는 것이다.

문화라는 것은 함께 일을 꾀하는 것이다. 유대감을 통해 안전함을 느끼고 싶은 인간이 자발적으로 참여해 만들어졌다.

당신이 펼치는 주장은 문화적 변화에서 시작한다. 그게 바로 공동 참여자를 부르는 초대장이기 때문이다.

앤디 워홀은 여러 사람과 무리 지어 여행을 다녔다. 화가뿐만 아니라 음악가, 영화제작자, 미술품 수집가 등 다양한 사람들과 어울렸다. 그는 세상 전체가 아닌 극히 일부만을 바꾸었지만, 그는 함께 어울리는 무리를 통해서 변화와 도전을 시도했다.

예술 그리고 그것에서 비롯되는 마술은 외부와 단절된 상태에서는 일어나지 않는다. (인터넷의 도움을 받더라도) 작품의 여정에 함께할 사람들을 구해야 한다. 그리고 말이든 행동이든 당신이 내세우는 주장을 통해서야 비로소, 여행은 시작된다.

Chapter 7

# 너만의 스킬을 연마하라
## Earn Your Skills

# 184

# 탁월함의 일상성

'일상적(mundane)'이라는 말은 내가 생각했던 의미가 아니었다. 이 표현은 진짜 세상을 뜻하는 말이다. 우리 주변의 실용적이고 기술적인 것을 바탕으로, 리얼리티에 초점을 둔 세상의 진실이다.

　미국 해밀튼대학의 대니얼 챔블리스 교수는 논문 "탁월함의 일상성(The Mundanity of Excellence)"에서 수준을 업그레이드한다는 의미를 시험할 완벽한 실험실을 찾아 보여주었다. 그는 수영 선수들의 습관, 배경, 성과 등을 조사했다. 수영 선수는 이런 조사에 이상적인 집단이었다.

- 수준이 분명하게 정해져 있다. 동네 수영 클럽에서 개최하는 수영 대회부터 올림픽 대회까지 있다. 대회에 참가하는 선수는 한 번에 한 등급만 오를 수 있다.
- 성과를 쉽게 측정할 수 있다. 심판의 판정이 중요한 피겨 스케이팅과는 다르다.

- 외부적인 요소가 거의 없다. 어떤 선수에게나 수영장은 수영장이다. 운을 배제할 수 있고, 시간의 흐름에 따라 성과를 측정할 수 있다.
- 다양한 선수들로 이루어진 커다란 경쟁자 집단이 있다.

다음은 대니얼 챔블리스 교수가 수영 선수들을 조사하며 발견한 사실이다. 훈련에 수량적 차이는 없다. 잘하는 선수라고 훈련에 더 많은 시간을 투자하는 건 아니었다. 게다가 사회적 일탈에 대한 요구사항도 없었다. 가장 잘하는 선수도 하위 레벨에 있는 선수와 똑같이 많은 친구가 있었고, 평범한 일상을 보낸다.

탤런트의 차이도 없다. 빠른 속도로 수영하는 능력은 타고나는 게 아니다. 그러나 위대한 선수와 좋은 선수 사이에는 2가지 핵심적인 차이점이 있었다.

- 스킬: 최고의 선수들은 경기 성적이 좋지 못한 선수들과 영법이 달랐다. 손과 발을 움직이는 방식과 회전하는 방식도 달랐다. 그들은 스킬을 배우고 연습했다.
- 태도: 최고의 선수들은 훈련에 임하는 태도가 달랐다.

다른 선수들이 기피하는 부분에서 즐거움을 찾았다.

이것이 바로 최고의 수영 선수가 지닌 프랙티스이다.

수영 문화는 하나만 있는 게 아니다. 동네 수영장에서 연습하는 수영 선수는 대학 대표팀으로서 경쟁하는 선수와 비교해 스킬이나 접근법, 의식 면에서 매우 다르고, 대학 대표팀의 문화는 국가 대표팀에서 활동하는 선수들의 문화와 또 다르다. 연구 결과에 따르면, 결과를 바꾸는 건 훈련량이나 타고난 실력이 아닌, 가능성에 대한 믿음과 지지를 보내는 주변의 문화였다.

창작가는 더 좋은 태도를 지니고 있다. 왜냐하면 창작가는 과정을 신뢰하는 법과 그 과정을 따를 수 있다고 자신을 믿는 법을 찾았기 때문이다.

물론 태도는 스킬이다. 그건 우리 모두에게 좋은 소식이다. 태도가 스킬이라고 한다면, 우리가 충분한 관심을 쏟으면 배울 수 있기 때문이다.

# 185

# 유명 화가들이 피렌체로 간 이유

놀라운 성과를 보이는 예술 기관(줄리아드음대, 블랙마운틴 칼리지, 액터스스튜디오 등)의 이야기를 들으면, 그런 곳에서는 뭔가 비법을 가르쳐 주거나 비밀스러운 경험을 할 수 있을 것만 같다.

사실 그런 곳에서는 비슷한 사람들이 모인다.

문화적 기준과 표준화는 사람들이 프랙티스를 선택할지와 작품에 전념할 용기를 찾는 방법에 엄청난 영향을 준다.

그런 이유로 밥 딜런은 미네소타에서 문화적으로 다양한 환경이 조성된 그리니치 빌리지로 이사했다. 르네상스 시대에 유명 화가들이 대부분 피렌체로 갔던 것도 그러한 이유다. 존경받는 동료들과 함께 있으면 계획했던 일을 이룰 가능성이 크다. 만약 그런 이들과 함께 있지 않다면, 그런 동료들을 찾아라.

의도를 지니고 비슷한 일을 하고 있는 사람들을 찾아라. 자연스럽게 그런 사람들을 만나게 될 거라고 기대해서는 안 된다. 누군가 나를 선택해주기를 기다릴 필요도 없다. 스스로를 다독이며 작품 활동을 하는 동료 예술가들을 모아 그냥 모임을 만들면 된다.

# 186

# 로버트 카로가 만난 11명의 작가들

20세기의 가장 중요한 자서전을 집필한 저널리스트 로버트 카로는 첫 번째 대표작 《파워 브로커(The Power Broker)》를 하마터면 마치지 못할 뻔했다. 로버트 카로는 기자 일을 그만둔 데다, 생활이 어려워져 가족들과 작은 아파트로 이사했다. 여러 해가 지났고, 로버트 카로는 힘겹게 책을 썼다. 단어 수가 100만 개가 넘었지만, 끝은 보이지 않았다.

1975년, 그는 〈뉴욕타임스〉에 당시 느꼈던 절망감을 묘사한 글을 실었다. 로버트 카로는 알고 지내는 작가도 없었다. 친구나 출판사, 그 누구로부터도 거의 아무런 지원을 받지 못했다. 그러다 로버트 카로는 뉴욕공립도서관의 골방 열쇠를 얻게 되었다. 오직 11명의 작가만이 이 방의 열쇠를 가지고 있었고, 열쇠를 가진 작가에게는 글을 쓸 수 있는 자리가 마련되었다.

로버트 카로는 이렇게 이야기했다.

○ 로버트 카로는 이 책으로 1974년 퓰리처상을 수상했다.

그러던 어느 날 고개를 들었더니 사학자 제임스 토마스 플렉스너가 서 있었다. 그는 온화한 얼굴로 내게 무슨 책을 쓰는지 물었다. 그런데 나는 그다음 질문에는 답하기가 두려웠다. "얼마나 오랫동안 쓰고 있는 건가요?"

"5년째입니다."라고 대답하자 그는 이전에 같은 질문을 했던 다른 사람들처럼 믿을 수 없다는 눈빛으로 나를 쳐다보지 않았다.

그는 말했다. "오, 그렇군요. 그렇게 오래 걸린 건 아니네요. 저는 9년 동안 조지 워싱턴의 전기를 썼답니다."

뛰어올라 그의 수염이고 뭐고 온몸에 키스라도 할 수 있을 것 같았다. 그다음 날, 나는 조셉 P. 래쉬의 이야기를 듣고 똑같은 기분을 느꼈다. 그 역시 내게 같은 질문을 던졌고, 대답을 듣더니 그 사람답게 조용한 목소리로 "전 엘리노어와 프랭클린 루스벨트 부부의 전기를 쓰는 데 7년이 걸렸어요."라고 말해주었다. 제임스 토마스 플렉스너와 조셉 P. 래쉬가 건넨 두 문장을 듣고 나는 5년간의 의구심을 떨칠 수 있었다.

나와 비슷한 사람을 찾아라. 다른 사람을 위해 베푸는 그런 사람 말이다.

## 187

## 누구도 슈퍼맨이 될 수 없다

《슈퍼맨》은 지루하다. 원작자인 시겔과 슈스터가 슈퍼맨을 궁지에 빠뜨릴 때마다, 아니면 독자가 지루해질 때마다 슈퍼맨은 새롭고 더욱 강력한 힘을 얻는다. 투시력, 비행 능력, 시간 이동능력, 히트 비전 등. 이상의 능력은 모두 어린 클라크가 스몰빌에 살던 이후에 더해졌다.

팔방미인 슈퍼히어로의 모델인 슈퍼맨이 가진 문제는 그와 같은 인물이 매우 드물다는 점이다. 한두 가지 스킬에 거하게 투자함으로써 성공할 가능성이 훨씬 크다. 만약 우리가 디바가 되거나 회복성을 희생하지 않고도 이것을 할 수 있다면, 우리는 진정으로 세상에 이바지할 기회를 얻을 수 있다.

그렇다면 도전은 단 하나의 초능력을 갖는 것이다. 당신에게 존재하는 모든 능력 가운데 딱 하나. 다른 건 시간이 지나면서 발전해도 괜찮다.

우선, 한 가지 능력부터 개발하는 것을 시작하라.

**188**

# 노력한다는 것의 의미

노력한다는 게 어떤 의미인지 이해를 돕기 위해 어느 회사를 예로 들어본다.

깨지기 쉬운 커다란 물건을 미국을 가로질러야 도착하는 지역에 보내려 한다. 물건을 안전하게 배송하고 싶다면 페덱스를 부르지 않을 것이다. 페덱스의 강점은 배송 속도이지, 파손 방지가 아니다. 한편, 미술품 전문 운송업체라면 당신이 이사할 집으로 화병을 배송하는 데 시간은 좀 더 걸리겠지만, 물품을 조심스럽게 다루어서 분명 페덱스의 대안이 될 것이다.

"당신은 아무나 선택할 수 있고, 우리는 아무나 중 하나입니다." 이런 방식은 고객이나 지지자를 모으는 데 그다지 유용하지 않다. **누구든지** 상관없다면, 검색만 하면 나오는 **누군가**를 수도 없이 찾을 수 있기 때문이다.

저렴한 가격과 빠른 배송을 위해서 페덱스는 노력했다. 페덱스에서는 수많은 배송 서비스를 가격에 따라 선택할 수 있지만, 모두 단 한 가지 기준에 초점을 맞춘다. 페덱스를 통해 부피가 아주 큰 (하지만 무게는 매우 가벼운) 상자를 보내면, 비용은 3만 원이 아니라 45만 원이 된다. 그 이유는 부피가 크고 가벼운 상자는 그들의 물류 시스템에 맞지 않기 때문이다.

동경하는 예술가를 생각할 때, 우리가 떠올리는 그 사람은 무언가를 대표하는 인물이다. 그리고 무언가를 대표하는 사람이 되기 위해서는 그만큼 노력을 기울여야 한다.

# 어떤 기술을 선보일지 우선 선택하라

강력한 힘을 얻는 데 있어 개인은 조직보다 더 많은 어려움을 겪는다. 그건 각자 한 가지 면에서만 강력한 힘을 얻을 수 있기 때문이다. 만일 특정 한 가지 면에서 매우 뛰어난 사람이 된다면, 다른 한 가지 면에서는 그만큼 뛰어날 수 없을 수도 있다.

다행히도 요즘 우리는 잘할 수 없는 일의 상당 부분을 쉽게 아웃소싱해 해결할 수 있다. 덕분에 온전한 수준의 모습을 유지하며 프로페셔널리즘을 보일 수 있다.

그러나 우리는 우선 선택해야 한다. 바깥세상에 어떤 스킬을 선보일지 말이다. 선택을 위해 예전에 하던 일의 일부를 눈감아야 하는 희생을 감수하더라도 말이다.

# '세계 최고'가 되는 일

나는 《더 딥》에서 '세계 최고'가 되는 일에 관해 썼다. 세계 최고가 된다는 건 지구상 모든 면에서 최고여야 한다는 뜻이 아니며, 세계가 지구상을 의미하는 것도 아니다.

세계 최고가 된다는 건 많은 정보를 바탕으로 선택권을 가진 사람들이 당신을 선택한다는 의미이다. 당신이 가지고 있는 '최고'의 면이 그들이 찾는 바와 일치하고, 당신이 그들의 고려 대상 안에 있다는 것이다.

특정 발진에 관한 치료라면 애리조나주 투손에 있는 어느 피부과 전문의가 높은 완치율을 보인다는 게 증명되었더라도 당신에겐 중요하지 않다. 당신은 아이오와주에 살고 있으며, 투손의 의사보다는 진료 태도, 평판, 보험 정책 등을 고려해볼 때, 집 앞에 있는 피부과를 가는 것이 최선의 선택이다. 측정할 수 있는 스킬에서 약간의 차이가 나는 건 중요하지 않다. 지금, 여기서는 말이다.

결국, 목표는 나만의 모습으로 세계 최고가 되는 것이다. 변화시키고 싶은 사람들에게 도움이 되는 고유한 작품을 선보이고, 우리가 무슨 일을 어떻게 하는지 평판을 얻기 위해서이다.

세상을 향해 나를 선언하고, 강력한 힘을 얻기 위해서이다. 그런 힘은 얻기까지 기다릴 가치가 있고, 추구할 가치가 있으며, 사람들이 기꺼이 돈을 낼 가치가 있는 것이다.

당신은 과정을 통해 목표를 이룰 수 있다는 걸 믿어야 하며 당신은 그런 일을 할 사람이라는 걸 믿어야 한다.

## 191

# 정반대로 배워온 것들

우리 사회는 전통적으로 예술가, 가수, 장인, 작가, 과학자, 연금술사 같은 사람들은 소명을 따르게 되어 있고, 멘토를 찾아 솜씨를 키우는 법을 배운다고 생각했다. 그리고 피아노 음계는 가르칠 수 있지만, 피아노를 치고 싶도록 만드는 법은 가르칠 수는 없다고 생각했다. 사람들을 데리고 나가 과학 활동을 하는 법이나 노래를 부르는 법을 가르치는 건 우스운 짓이라고 생각했다. 과학 활동이나 노래에 흥미를 느낄 수 있을 만큼 오랫동안 가르쳐야 한다는 건 말할 것도 없이 웃긴 생각이었다.

하지만 우리는 한 번에 많은 인원을 가르칠 수 있는 시스템을 만들었기 때문에 우리는 쉽게 측정할 수 있는 스킬만 가르칠 수 있다고 스스로 믿게 되었다.

하지만 이렇게 생각해서는 안 된다.

우리는 사람들에게 노력하는 방법, 두려움을 극복하는 방법, 일을 투명하게 진행하는 방법, 일에 착수하는 방법, 행동 방침을 계획하는 방법 등을 가르칠 수 있다. 나아가 평생학습을 하는 법, 자신을 표현하는 법, 그리고 혁신하는 법을 가르칠 수 있다.

무엇보다 그동안 우리가 용기와 창의력, 결단력에 관해 사실과 **정반대**로 배워왔다는 것을 인정하는 것이 중요하다.

# 192

# 카레의 맛을 가르치듯

오하이오주의 클리블랜드나 캔자스주의 토피카에 사는 어린 백인 아이 중에서 인도 음식인 탄두리 치킨이나 새우를 넣은 빈달루 카레를 좋아하는 아이를 찾기는 쉽지 않다. 하지만 똑같은 DNA를 가지고 인도의 뭄바이에 사는 아이는 그러한 음식을 매일 먹는다. 따라서 선호하는 음식의 맛은 분명 유전에 따라 결정되는 것은 아니다.

뭄바이의 가정에서는 학교 선생님이 새로운 주제를 가르치듯 아이에게 음식을 내어줄지 모른다. 아이들은 먼저 인도 음식의 역사를 배우고, 여러 요리법을 외우라는 이야기를 들으며 나중에는 시험도 봐야 할지 모른다. 어느 순간이 되면 그 덕분에 음식을 좋아하게 될 수도 있다.

물론, 그럴 리 없다. 세상 사람들이 지금 먹고 있는 음식을 먹게 된 건, 각자가 속한 공동체의 기준과 그들의 행동에 영향을 준 문화의 방식 때문이다. 문화로 인해 우리가 먹는 것, 말하는 법, 그 외에도 수만 개의 사회적 규범을 세울 수 있다면, 예술 작품을 만드는 과정 또한 가르칠 순 없을까? 목표를 세우고, 열정과 호기심, 그리고 사람들을 설득하는 능력을 키우는 걸 당연하게 만드는 일은 불가능한 걸까?

할 수 있다. 심지어 그런 일이 일어나기를 기다릴 필요도 없다. 지금 시작하면 된다.

# 193

# 일가견을 쌓는 공식

일가견이 있다는 건 관객이나 고객이 원하는 바를 그들보다 먼저 알아채는 능력이 있다는 뜻이다.

일가견을 지니려면 전문화된 학문이나 분야의 지식, 즉 도메인 지식을 쌓고, 사람들이 기대하는 곳에서 방향을 바꾸어 어디로 가야 할지 아는 배짱과 경험이 더해져야 한다.

여러 번 그리고 충분히 방향을 바꾸고, 시장 상황을 관찰해야 한다. 그리고 그 과정에서 배움을 얻는다. 이것이 일가견을 쌓는 공식이다. 일가견을 쌓았다는 건 몸담은 분야와 그 분야에서 얻을 수 있는 혜택을 일반 사람들보다 더 많이 이해하고 있다는 뜻이다.

여기서 시장은 하나가 아니라 여럿 존재한다는 사실을 말해둬야겠다. 당신이 위하고 있는 사람들이, 당신이 볼 때 괜찮아 보이는 것을 좋아하게 된다면 당신에게는 일가견이 있는 것이다.

지름길을 이용할 수 있는 사람은 거의 없지만, 지름길이라는 건 그저 나 자신을 위해 만든 것이다. 만일 당신이 원하는 바와 사람들이 원하는 바가 늘 일치한다면 아주 훌륭하다. 하지만 시간이 흐르면서 대부분은 멀어지고 만다. 여전히 창의적인 작품은 만들겠지만, 사람들은 다른 것을 찾아 떠나기 때문이다.

# 194

# 창의성에는 라임이 있다

유명 시나리오 작가이자 프로듀서인 브라이언 코플만은 우리보다 영화를 많이 본 사람이다. 사실 그동안 내가 만난 사람 중에 영화를 가장 많이 본 사람이다. 그건 단지 영화에 대한 열정만 나타내는 게 아니다. 과거에 어떤 작품이 있었는지 알아봄으로써 작업의 발판을 마련하고, 다음으로 어떤 작품을 만들어야 할지 구상하는 데 받침대로 활용한다.

어린 시절, 나는 클리어필드 브랜치 도서관의 공상과학소설 섹션에 있는 모든 책을 읽었다. SF작가 아이작 아시모프부터 판타지의 거장 로저 젤라즈니까지, 전부 읽었다. 그때 읽은 책 내용은 10년 뒤 공상과학 관련 컴퓨터 게임을 출시하게 되었을 때, 게임에 어떤 요소를 넣으면 좋을지 구상하는 데 많은 도움이 되었다.

핵심은 복제를 하려는 게 아니라, 복제를 피하려는 것이다. 상업적으로 최고의 작품은 사람들이 일전에 봤던 무언가를 떠올리게 하는 작품이다.

창의성은 그 자체로 반복되지 않지만, 운율(rhyme)을 띠고 있다.

# 195

# 모든 장면에 새겨진 창작자의 지문

영국 BBC에서 방영한 코미디 프로그램 '몬티 파이튼의 날아다니는 서커스'를 45회까지 동시에 틀어놓고 전부 본다면(가능하다. www.trustyourself.com/monty 참조), 어떤 회차의 어떤 순간을 보아도 분명 몬티 파이튼 쇼라는 걸 바로 알 수 있다. 영화 '스타워즈'나 '해리 포터' 시리즈를 볼 때도 마찬가지다.

그 자체로, 그 자체의 모든 것이다. 하지만 운율을 맞춘다. 그런 작품에서는 거의 모든 장면에서 창작자의 지문(또는 고유한 부분)을 확인할 수 있다.

우리는 단기적으로는 창작자를 드러내는 모든 표시를 지워야 한다는 압박을 받는다. 하지만 사실 오랜 세월이 흘러도 건재한 작품, 관객이 늘 찾는 작품에는 창작자를 드러내는 표시가 가득하다. 그런 작품은 스스로 운율을 맞춘다.

Chapter 8

# 한계를 넘어라
## Seek Out Constraints

# 196

# 제약이 없으면 혁신도 없다

한계에 저항하고 싶은 마음이 굴뚝같다. 킨들의 전자책을 아름답게 만든다거나 원하는 만큼 정교하게 전자 음악을 만들 수 없을 때 그렇다. 시간이 없거나 주파수의 폭이 부족하거나 돈이 충분하지 않은 탓이다.

하지만 제약조건이 없다면 우리에게는 아무런 갈등도 없고, 혁신이나 놀라움을 가져올 기회도 없다.

PS 오디오는 세계 최고의 스테레오 장비를 만드는 회사이다. 대다수 제품의 가격은 경쟁사 제품의 절반 가격도 되지 않는다. PS 오디오의 상품은 대량으로 조립 및 제작되고, 부품 또한 가격을 고려해 선택하기 때문이다.

이러한 제약들이 없다면 PS 오디오는 틈새시장에서 계속 경쟁해야 하고, 자원을 추가하더라도 눈에 띄는 개선으로 이어지지 않을 것이다. 제약조건을 감수함으로써 다음으로 어떤 일을 해야 할지 일관성 있게 접근할 수 있다. 제약조건이야말로

PS 오디오 제품의 토대가 된다.

　　창의적인 작품에는 제약조건이 따른다. 창의성이란 기존 제약에 대한 새로운 해결책을 찾는 과정에서 나타나기 때문이다.

# 맥북 디자이너 수잔 케어의 미소

그래픽 디자이너 수잔 케어에게 주어진 건 1,024개의 정사각형이었다. 그게 전부였다. 32×32개로 이루어진 간단한 격자망, 그뿐이었다.

수잔 케어는 모눈종이와 연필을 이용해 맥북의 특성을 만들어냈다. 그리고 지난 수십 년간 우리가 사용한 모든 컴퓨터 장치는 그녀의 혁신적인 디자인을 바탕으로 만들어졌다. 수잔 케어는 각 문자가 점의 패턴으로 이뤄진 비트 맵 폰트를 처음으로 만들었고, 작은 폴더와 페인트 브러쉬, 그리고 스마트 장치를 사용할 때 나오는 스마일 페이스를 디자인했다.

누군가는 색깔이 부족하다거나 해상도가 떨어진다고 눈살을 찌푸렸을 것이다. 하지만 프로였던 수잔은 1,024개라는 한계를 보고 미소지었다. 그녀는 중요한 작품을 만들 때, 한계야말로 작업의 발판이 된다는 걸 알았기 때문이다.

# 불편함이 에너지다

미국의 전설적인 록 밴드 R.E.M.은 기반이 탄탄한 인디 밴드이지만, 두드러지는 히트곡을 내지는 못했다. 10년 간 공연을 다니고 나니, 그들의 음악은 틀에 박혀버렸고, 멤버들 역시 그 사실을 깨닫고 있었다.

"저는 기타 치는 게 조금 지겨워졌습니다." 잡지 〈롤링 스톤〉과의 인터뷰에서 기타리스트였던 피터 벅이 말했다. "저는 평생 매일 8시간씩 기타를 쳐왔거든요."

새 앨범을 준비해야 할 때가 되자 멤버들은 새로운 제약 조건을 부과하자고 의견을 모았다.

첫째, 투어 공연을 다니지 않는다. 앨범 '아웃 오브 타임'을 녹음하던 해, R.E.M.의 공연 횟수는 24번이 채 되지 않았다. 베이시스트가 키보드를, 드러머가 베이스를, 기타리스트였던 피터 벅은 만돌린을 맡았다.

"피터가 전자 기타를 치고 싶어 하지 않아서 우리는 곡을 달리 쓰기 시작했습니다." 한 멤버가 말했다. "어쿠스틱 기타나 만돌린, 그게 아니면 무엇이든 그 악기로 곡을 만들면 전자 기타로 만든 곡과는 전혀 다른 곡이 나옵니다. 다르게 들리는 노래를 만들어야 한다고 스스로 몰아붙이는 대신 우리는 전자 기타가 아닌 다른 악기를 위한 곡을 만들려고 했습니다."

제약조건을 없애는 건 쉬웠겠지만, 그로 인해 생긴 불편함은 밴드가 원하던 에너지를 만들어 주었다. 그렇게 만들어진 음반은 2년 넘게 음악 차트에 올라 있었다.

## 199

## 한계 상황에서 일어난 마법 같은 일

이 책의 내용이 더 길었다면 좋았을까? 다른 사람을 위하는 창작자의 첫 번째 본능은 늘려달라는 부탁이다. 그들은 더 많은 색깔, 더 많은 수단, 더 많은 시간을 달라고 말한다. 우리를 코너로 몰아넣는 한계에 저항하려 할 때는 자유 재량권이 조금밖에 없지만, 그때 정말 마법 같은 일을 할 수 있다.

공중파 프로그램 작가가 케이블 방송사에서 일하고 싶다고 생각할 때 그런 일이 생긴다. 케이블 프로그램 프로듀서가 영화를 만들면 좋겠다고 생각할 때 그런 일이 생긴다. 영화 프로듀서가 신인 가수를 발굴하는 일을 하고 싶다고 생각할 때 그런 일이 생긴다.

하지만 정말 마법 같은 일은 라이브 공연장이나 재촬영이 어려운 장소, 특수효과가 없거나 초저예산이라는 조건에서 일어난다. 이런 제약이야말로 작품을 만들게 하는 동력이 되기 때문이다.

# 기회는 모서리에서 시작된다

상자의 밖은 춥고 어둡다.

그렇다면 상자의 모서리는 어떨까?

상자의 모서리라면 지렛대와 같이 활용할 수 있다. 그 지점을 찾았다면, 당신은 당신보다 앞서간 사람들이 쫓겨난 바로 그 장소에 도착한 것이다. 제약조건을 변명이 아닌 기회로 바꾸는 일은 바로 그 모서리에서 시작된다.

# 예산은 적지만 자유가 있다면?

몬티 파이튼 쇼는 제약조건 때문에 어려움을 겪었다. 방송 시간은 짧은 데다, 제작 예산은 매우 적었다. 코미디언 말고는 아무것도 없다시피 한 상황이었다. 쇼는 흑백으로 촬영되었고, 사실상 프로그램 홍보는 기대하기 어려웠다. 그러나 이 프로그램이 많은 인기를 얻을 수 있었던 이유는 바로 이러한 제약들 덕분이었다.

몬티 파이튼 쇼에 대한 기대치가 워낙 낮았기 때문에 출연진이나 작가는 감독의 관리를 거의 받지 않았다. 그다지 기대라는 걸 하는 사람이 없다는 바로 그 이유로 출연진과 작가들은 상당한 자유를 누릴 수 있었다.

시리즈물 가운데 가장 흥행한 영화의 경우도 마찬가지였다. 영화에 배정된 예산이 너무 적었기 때문에 영화 세트와 의상 수준은 터무니없었고, 영화의 결말은 편집실에서 만들어내야 했다. 그런데 그런 이유들로 그 영화는 성공을 거둘 수 있었다.

예산을 많이 들인 영화일수록 정말 재미가 없다는 걸 당신은 눈치챘는가?

## (202)

# 극복의 대가들

에세이스트 데이비드 세다리스, 영화감독 켄 번즈, 방송인 오프라 윈프리는 제약조건을 극복하는 데 대가들이다. 이들은 각각세트의 제약이나 방법의 제약, 예산의 제약을 받아들이고, 선택한 사항을 최대한 활용해 작품을 만들었다.

PBS는 전성기 시절, 셰프 줄리아 차일드, 방송인 프레드로저스, 화가 밥 로스, 장수 인기 프로그램 '세서미 스트리트'를 거느리고 있었다. 하지만 이 4가지 방송의 예산을 모두 합해도주요 공중파 방송국의 프로그램 1개 예산에도 미치지 못했다.

제약조건을 받아들이는 건, 창의적인 작품을 만들어 성공하는 과정에서 흔히 있는 일이다.

# 제약조건도 프랙티스의 일부다

- 시간
- 돈
- 형식
- 팀원
- 신뢰

- 재료
- 스킬
- 규제
- 물리적 현상
- 현상 유지를 하려는 힘

우리는 이 제약조건 가운데 하나둘 정도는 해결할 수 있다. 하지만 나머지는 어떨까?

이런 제약들은 사라지지 않으므로 가깝게 여기면서 창의성을 키워주는 존재로 봐야 한다. 제약조건도, 제약조건과 잘 어울리는 법을 깨닫는 것도 프랙티스의 일부이다.

# 빌 퍼트넘의 선택

음향 엔지니어 빌 퍼트넘은 에코를 발명해 대중가요의 녹음 방식을 바꾸었다. 1947년 그는 욕실에서 마이크와 스피커를 두고 녹음 작업을 했고, '페그 오 마이 하트(Peg O' My Heart)'라는 히트곡을 만들었다.

과감하게 인위적으로 잔향°을 만들어낸 레코딩계의 아버지 빌 푸트남은 오늘날 우리가 듣는 음악에 지대한 영향을 주었다. 그는 유명해지려고 잔향 효과를 만든 게 아니다. 그리고 모든 걸 변화시키려 한 것도 아니었다. 그가 잔향 효과를 만든 건 그가 몸담은 작은 업계의 작은 구석이 그가 차이를 만들겠다고 선택한 장소였기 때문이었다.

우리가 일으키려는 변화는 사실 작은 것일 수 있다. 하지만 수면에 이는 물결처럼 파문이 인다. 하나의 음반, 한 번의 상호작용, 한 사람…. 그거면 충분하다.

○ 소리가 울리다가 그친 후에도 남아서 들리는 소리.

# 과한 자신감은 오만이 된다

세상에는 자신감이 넘치는 사람들로 가득하다. 다만, 그 정도가 지나치면 과실을 범하거나 사기를 저지르거나, 약속을 깨는 일로 이어진다. 과한 자신감은 오만이다.

당신은 지나치게 자신만만한 외과 의사가 되고 싶지 않을 것이다. 그리고 자신감이 과한 버스 운전기사도 되고 싶지 않다. 오만은 위험한 행동과 준비 미흡으로 이어질 수 있다.

결과물에 집착하지 않고, 프랙티스를 따르며 일해야 하는 것은 자신만만함을 가지려는 게 아니라 그로 인해 초래될 위험에 대비하는 연습을 하는 것이다.

자신에 대한 무한 신뢰가 오만을 만드는 건 아니다. 자신을 신뢰할 때는 지킬 수 없는 약속에 연연하지 않고, 실천 과정에 주의를 집중하기 때문이다.

실은, 지나친 자신감은 아직 나 자신을 믿지 못한다는 하나의 신호일 수 있다. 몸을 숨기는 한 방법인 것이다. 프랙티스를 무시해 작품을 만드는 과정을 흩트리지 말아라.

앞으로 나아갈 방법을 찾기 위해 스스로를 믿고, 프랙티스를 꾸준히 지켜간다면, 당신에게 필요한 회복력을 쌓을 수 있을 것이다.

## 206

# 달 표면의 두께

NASA에서 달에 착륙한 다음 지구로 무사히 귀환하려는 계획을 세웠을 때, 달 표면의 먼지 이론은 격렬한 논쟁의 대상이 되었다. 천문학자 토머스 골드는 달 표면은 깊이를 알 수 없는 고운 먼지로 완전히 뒤덮여 있다고 주장했다. 달 표면이 단단하지 않으면 착륙할 수 없거나 그보다 더 최악의 경우에는 지구로 돌아오기 위해 이륙하는 것이 불가능할 수도 있었다.

그들에게 자신감이 지나쳤다면, 달에 도착할 우주비행사가 깊숙한 먼지에 빠져 다시는 돌아오지 못할 수 있다는 가능성을 고려하지 않은 채, 아폴로 11호를 발사했을 것이다. 하지만 그들이 깊이 생각하고, 반복해 확인한 과정이 승리했다. 1960년대 중반 무인 탐사선 레인저와 서베이어를 달에 보낸 것이다. 탐사선을 보낸 이유는 달 표면의 먼지 두께를 확인하기 위한 것이기도 했다.

그들은 안전을 위해 달 착륙선에 93cm가량의 넓은 착륙

패드를 다리마다 달았다. 예측한 토양의 밀도에 비해 훨씬 넓은 크기였다. 이같이 프랙티스에는 위험을 예상하고, 이를 줄이려는 노력이 반영된다.

닐 암스트롱이 달 표면을 걸으며 말했다. "달 표면은 고운 가루에요. 발가락으로 집어 올릴 수도 있습니다."

암스트롱은 전설적인 임무를 완수할 만큼 그 자신과 과정을 믿었다. 하지만 결코, 임무를 수행하기 위한 과정과 완벽하게 성공할 것이라는 보장을 혼동하지 않았다.

# 207

# 프랙티스 20계명

- 창의성을 발휘하는 건 선택의 문제다.
- 확실한 보장을 추구하는 일은 피한다.
- 나 자신을 선택한다.
- 결과는 부산물이다.
- 만족은 뒤로 미룬다.
- 즐거움을 찾는다.
- 장르를 이해한다.
- 다른 사람을 위하는 마음을 가진다.
- 작품을 선보인다.
- 선보인 작품으로부터 배움을 얻는다.
- 안심하려 하지 않는다.
- 두려움과 함께 어울린다.
- '그저 그런 작품이 되진 않을까?' 늘 고민한다.
- 새로운 스킬을 배운다.

- 변화를 만든다.

- 세상을 있는 그대로 본다.

- 더 좋은 대중을 찾는다.

- 과정을 관리하는 상사가 된다.

- **자신을 믿는다.**

- 이상을 반복한다.

## 208

# 우리는 담당자이자 책임자다

우리는 시간을 어떻게 쓸지 결정해야 할 책임이 있다. 우리가 제기한 질문에 답할 책임이 있고, 우리가 떠올린 통찰력에 대한 책임도 있다.

조직에서 우리는 다음 단계에서 무엇을 배울지, 누구와 회의할지, 어젠다의 어떤 항목을 다룰 것인지를 각자 결정한다. 이렇게 할 수 있으려면, 우리는 목소리를 공유하는 습관을 만들어야 한다. 설령 그게 불편하고 무서운 일이더라도 말이다.

신뢰가 없다면 우리는 숨는 길을 택할 것이고, 기회가 스쳐 지나가도록 그냥 둘 것이다. 무엇보다 당신이 세상에 가져올 변화는 당신 책임인 것이다.

# 209

# 인류학과 회의실에서 보낸 화요일

1983년, 호텔리어 칩 콘리가 내 인생을 바꾸었다.

당시 나는 경영대학원에서 가장 어린 축에 속하는 학생이었고, 처음 몇 주간은 상당히 힘든 날들을 보냈다. 그러던 어느 날, 내 우편함에서 자그마한 쪽지를 발견했다. 칩 콘리가 보낸 손편지였는데, 나는 그때 그가 누군지 몰랐다. 그는 비슷한 배경을 가진 나와 몇몇 사업가들에게 매주 만나 브레인스토밍을 하는 모임을 만들자고 제안했다.

며칠 뒤, 그는 몇 블록 떨어진 곳에 있는 인류학과의 회의실을 예약했다. 왜 하필 인류학과 회의실이었을까? 우리가 그곳에 가는 건 오직 이 모임을 할 때뿐이고, 그러면 회의실에 갈 때마다 우리가 경험하는 과정을 연상하게 될 것이기 때문이다.

그 후로 9개월 동안 우리 5명은 1,000개도 넘는 회사를 만들고 윤곽을 그렸다. 우리는 결과물을 기대하지 않았기에 프랙티스를 따르는 데 집중할 수 있었다. 그러다 보니 특정한 마음 상태를 가지는 게 재빨리 습관이 되었다. 결국, 그 방에 들어가는 목적이 바로 그런 마음을 갖기 위한 것이었다. 이 여정에 참여하고 싶지 않다면, 그 방에 들어가면 안 된다.

칩 콘리는 계속 일에 매진해 베스트셀러 작가이자 기업가가 되었다. 하지만 사실상 그와 나의 경력은 그 방에서 시작되었다. 우리가 그 방에 들어가기로, 그리고 그 여정에 참여하기로 했기 때문이다.

# 210

# 줄 위에 서 있는가?
# 그저 기다리고 있는가?

작은 방울처럼 생긴 악기 카우벨 소리를 듣고 싶다면, 전설적인 음반 프로듀서 브루스 디킨슨의 이야기를 들어보라. 코미디쇼 '새터데이 나이트 라이브'에서 방영한 유명한 콩트에서 배우 크리스토퍼 워컨이 연기한 브루스 디킨슨은 티격태격하는 록 밴드인 블루 오이스터 컬트 멤버들에게 "공간을 탐험하라."고 지시한다.

이 말을 들은 대부분 사람들은 혼란스러울 것이다. 돌아다니지 않고 어떻게 공간을 탐험할 수 있겠는가? 무엇을 위해 그렇게 하겠는가?

브루스 디킨슨의 의도는 하기로 정한 일의 한계와 지렛대 역할을 할 자리를 의도적으로 찾으라는 것이었다.

하나의 가장자리에서 다음의 가장자리로 갈 수 있도록, 그러고 나서 가장자리 너머로 갈 수 있도록 말이다. 예술가 조지 페랑디가 말한 것처럼 "계속해야 하나요?"라고 묻는다면, 그

답은 "네. 그렇습니다."일 뿐이다.

"인생은 줄 위에 있다. 나머지는 그저 기다리는 것뿐." 이 말은 곡예사 닉 월렌다의 아버지가 한 말이다.

당신은 줄 위에 서 있는가? 아니면 그저 기다리고만 있는가?

# 더 놀라운 건 지금부터다

처음부터 끝까지 완주했다. 이제 어떻게 되는 걸까?

아주 오랫동안 세상은 우리에게 자격이 없다고, 선택받지 못했다고, 충분히 훌륭하지 않다고 말했다. 하지만 이제는 만사가 나 자신에게 달렸다는 것을 알아챘을 것이다. 세상일은 우리 각자 하기 나름이다.

우리를 끊임없이 앞으로 나아가게 하는 연료는 어디에 있을까? 분노는 우리를 멀리까지 나아가게 하지만, 그와 동시에 우리를 파괴한다. 질투로 시작할 수야 있겠지만, 금방 사라진다. 탐욕도 좋은 수단 같지만, 지나치게 탐하는 욕심이 즐거움까지 모두 앗아간다는 걸 깨달을 때까지만이다.

우리는 호기심과 이타심을 가지고, 서로의 유대로 향하는 길을 선택해 나아가야 한다. 이 3가지가 예술의 토대이다. 예술은 우리가 세상을 더 아름답게 만들고, 다음 세대의 사람들이 새로운 무언가를 만들 때 발판이 되도록 도움을 줄 수 있는 도구이다.

사람 사이의 연결 고리는 기하급수적으로 늘어난다. 그리고 전에 없던 문화와 가능성을 함께 만들어준다.

마법을 거는 데 필요한 재료는 모두 있다. 당신이 늘 가지고 있던 재료들이다. 이제 마법을 펼쳐 소동을 부려보자.

# 지은이 세스 고딘

세계에서 가장 영향력 있는 마케팅 구루. 스탠퍼드 경영대학원에서 MBA 과정을 마치고, 다양한 글로벌 기업의 CEO를 역임했다. 온라인 마케팅 기업 요요다인 설립 이후 온라인 다이렉트 마케팅 방법을 창안해 수백 개 기업을 지도했고, 야후의 마케팅 담당 부사장, 온라인 커뮤니티 서비스 스쿼두 CEO로 활약했다.

세스 고딘은 모든 사람의 영원한 화두인 창의력을 키우는 일에 몰두하며 개인 블로그 'Seths.blog'에 매일 글을 올렸다. 얼마 지나지 않아 이 블로그는 세계에서 가장 인기 있는 블로그 중 하나가 되었고, 수백만 명의 사람들에게 영감을 불어넣어 주었다.

그는 지치지 않고 창의적인 작업을 이어나갈 수 있는 원동력, 그리고 마침내 결과물을 손에 쥘 수 있도록 북돋아주는 것은 프랙티스(practice), 즉 꾸준한 연습이라고 말한다. 당신이 규칙적으로 행하는 프랙티스가 당신을 최고의 경지로 이끌어주는 것이다.

이 책 《더 프랙티스》는 세스 고딘의 수백 가지 이야기 중 전 세계 사람들에게 삶의 정수가 된 글을 한데 모은 것으로, 당신의 삶에 최고의 변화를 선물할 8가지 습관을 담고 있다. 단순한 기교나 처세보다 스스로 목표를 설정하고 적극적인 자기계발을 통해 고난과 위기를 극복하는 성공의 방법을 보여준다.

그의 대표작으로는 《마케팅이다》, 《트라이브즈》, 《린치핀》, 《보랏빛 소가 온다》 등 20권이 있으며, 이는 전 세계 35개 이상의 외국어로 번역되어 글로벌 베스트셀러로 자리매김했다.

## 옮긴이 **도지영**

이화여자대학교에서 정치외교학과 경제학을 복수 전공하였으며, 연세대학교 대
학원에서 국제통상을 전공하였다. 현재 번역 에이전시 엔터스코리아에서 출판
기획 및 전문 번역가로 활동하고 있다. 주요 역서로는 《코로노믹스》, 《데일 카네
기 성공대화론》, 《진정성 리더십》, 《트럼프, 강한 미국을 꿈꾸다》, 《CEO 시진핑》
외 다수가 있다.

# 더 프랙티스

2021년 6월 8일 초판 1쇄 | 2023년 2월 9일 7쇄 발행

**지은이** 세스 고딘
**옮긴이** 도지영
**펴낸이** 박시형, 최세현

**디자인** 박선향
**마케팅** 양봉호, 양근모, 권금숙, 이주형 **온라인마케팅** 신하은, 정문희, 현나래
**디지털콘텐츠** 김명래, 최은정, 김혜정 **해외기획** 우정민, 배혜림
**경영지원** 홍성택, 김현우, 강신우 **제작** 이진영
**펴낸곳** (주)쌤앤파커스 **출판신고** 2006년 9월 25일 제406-2006-000210호
**주소** 서울시 마포구 월드컵북로 396 누리꿈스퀘어 비즈니스타워 18층
**전화** 02-6712-9800 **팩스** 02-6712-9810 **이메일** info@smpk.kr

쌤앤파커스(Sam&Parkers)는 독자 여러분의 책에 관한 아이디어와 원고 투고를 설레는 마음으로
기다리고 있습니다. 책으로 엮기를 원하는 아이디어가 있으신 분은 이메일 book@smpk.kr로 간단
한 개요와 취지, 연락처 등을 보내주세요. 머뭇거리지 말고 문을 두드리세요. 길이 열립니다.